Couverture inférieure manquante

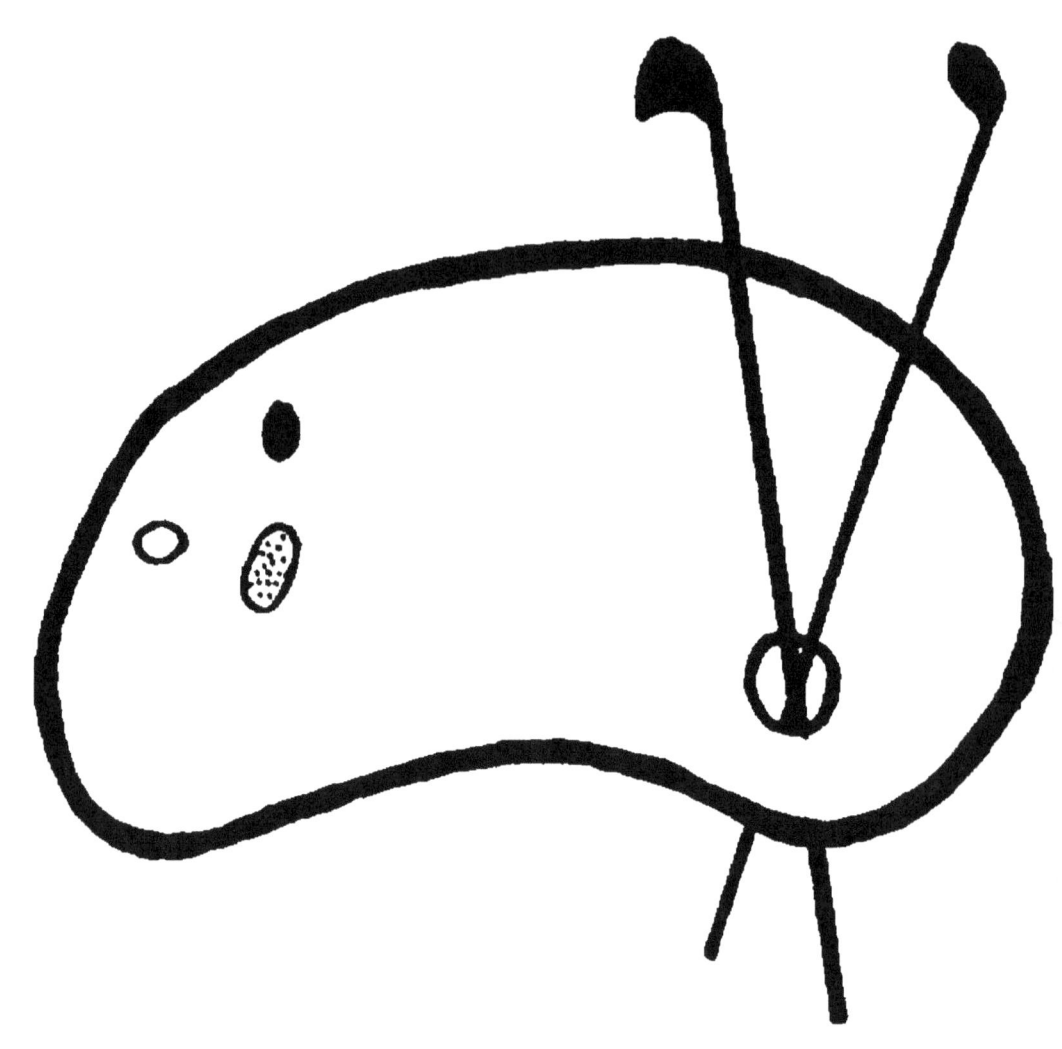

PANORAMA HISTORIQUE

DU

COUSERANS

(Son administration civile jusqu'en 89)

ET DE

L'ANTIQUE VILLE DE SAINT-LIZIER

(Période romaine et période chrétienne)

PAR L. MANAUD DE BOISSE

FOIX

IMPRIMERIE VEUVE POMIÈS

1886

PANORAMA HISTORIQUE

DU

COUSERANS

(Son administration civile jusqu'en 89)

ET DE

L'ANTIQUE VILLE DE SAINT-LIZIER

(Période romaine et période chrétienne)

PAR L. MANAUD DE BOISSE

FOIX

IMPRIMERIE VEUVE POMIÈS

—

1886

PANORAMA HISTORIQUE

DU

COUSERANS

DU COUSERANS

Situé au cœur même des Pyrénées, le **Conseran** ou **Couserans** était compris dans la *Novempopulanie* (ci-devant Gascogne), partie méridionale de l'Aquitaine administrative : il forme aujourd'hui la partie occidentale du département de l'Ariège, ou pour mieux dire, la majeure partie de l'arrondissement de Saint-Girons.

Le mot Couserans dérive d'**Euskerans** ou **Auskerans**, dont le radical **Euske** ou **Auske** se trouve dans une foule de noms de localités et peuplades pyrénéennes, dans les Gaules aussi bien qu'en Espagne.

Avant l'invasion romaine, le Couserans était habité par les **Auskes**, de race ibère (1), un des peuples les plus anciens qui aient occupé les **Pyrénées**, que l'on désignait également sous le nom d'**Euskes** ou **Euskerans**.

Ses habitants, groupés en clans et en tribus, étaient tous pasteurs et guerriers, poussant devant eux leurs troupeaux, en suivant les forêts entremêlées de pâturages, sans toutefois trop s'écarter de la contrée qu'ils occupaient, adorant des divinités inconnues, et ne reconnaissant d'autre autorité que celle des vieillards.

Leur patrie était la montagne, leur maison, une hutte protégée, le plus souvent, par un rocher ; ils se nourrissaient de fruits amers et de viande, et se vêtissaient, selon la saison, de l'écorce des arbres ou de la peau des bêtes. Peuple primitif, qui ne suivait d'autres lois que celles de la nature, sans en être pour cela plus malheureux.

Le pasteur pyrénéen était, en général, grand, bien fait et fortement musclé. Brave, alerte et intrépide il allait à la guerre, n'ayant

---

(1) Les *Ibères*, dit Appien, furent sans contredit les premiers habitants de l'Espagne, et c'est de ce peuple primitif que les *Auskes* et les *Basques* tirent leur origine. Vasques et Vascons, c'est-à-dire Basques et Gascons venaient des Euskes, comme l'établit si bien M. de Humbold.

Nota. Quelques paysans pyrénéens prononcent encore le *b* comme le *v*, et regardent ces deux lettres comme deux sœurs que l'on a toujours prises l'une pour l'autre.

pour armes que sa large épée, *spatha* ; le javelot crochu, *gavelot*, « arme terrible avec laquelle, comme le lion avec ses dents, il déchirait son ennemi ; » et le poignard, *ganivet*, dont il se servait dans un combat corps à corps. Son bouclier, *escura*, était fait avec des nerfs de bœuf.

C'est par l'excellence de ses armes, dues à la grande quantité des métaux renfermés dans les Pyrénées, qu'il s'était rendu si redoutable aux armées romaines, et qu'il avait plus d'une fois triomphé de ses ennemis. Mais ces temps primitifs sont enveloppés d'un voile impénétrable, et il ne nous est pas permis de remonter un passé qui n'a point laissé de sentier pour retourner à lui...

Quelle étendue devons-nous assigner au Couserans ?

A son origine, le Couserans, comme les autres vallées pyrénéennes, n'avait pas de limites propres ; c'était un bassin orographique, créé par la nature elle-même, d'après la direction des eaux... et borné par des montagnes.

Les auteurs de l'antiquité parlent aussi du Couserans, sans en déterminer les véritables frontières ; mais quel est l'historien qui les ignore aujourd'hui.

« Le Couserans allait au midi, jusqu'à l'Espagne, et enclavait les bourgades de Couflens et de Salau, la ville de Seix, Ustou, Vicdessos, et le val d'Andorre jusqu'à Bescarra. De ce point, il se prolongeait en ligne directe jusqu'à Arranger, en se dirigeant vers Mérens, lieu le plus voisin du Roussillon. A l'est, il prenait les thermes d'Ax et de Tarascon, et suivait le cours de l'Ariège jusqu'au pays de Foix. Au nord, il allait en ligne droite à Tourtouse, et comprenait la Bastide-de-Sérou, le Mas-d'Azil et une grande partie de Daumazan. A l'ouest enfin, il partait de Tourtouse et allait jusqu'à Castillon, où le ruisseau du Lez séparait le Comminges du Couserans. »

Un pays aussi étendu, et possédant de belles richesses minérales, était fait pour tenter l'ambition des Romains ; bien persuadés, d'ailleurs, qu'il deviendrait un poste militaire très avantageux, pour maintenir les tribus pyrénéennes, il fut subjugué, et réuni à la république romaine après ou, peut-être, avant les victoires de Gnéius-Pompée sur Sertorius (81 ans avant J.-C.)

A peine maîtres du Couserans, les Romains l'élevèrent au rang de colonie de droit latin, il eut par conséquent :

1° Un sénat minor. appelé *curie*, nommé par les électeurs, ayant pour mission d'administrer les biens et les revenus de la cité, sous la surveillance d'un magistrat romain.

2° Un défenseur pour soutenir ses intérêts envers et contre tous.

3° Des principaux pour répartir et recouvrer l'impôt, etc., etc.

Aux premiers jours de la conquête, les Romains s'étaient associés les Barbares ;

après la conquête, les Barbares composèrent, avec ce qui restait des Romains, dans le pays dont ils s'étaient rendus maîtres ; et voulant conserver ce qu'ils avaient acquis, ils adoptèrent, autant que possible, les lois romaines, dont beaucoup d'entre eux connaissaient les avantages, et avaient déjà éprouvé les bienfaits.

Sous la domination visigothique et Franque, l'organisation civile et politique des *Consorani* subit quelques modifications : les grandes magistratures provinciales furent remplacées par l'autorité d'un comte, mis comme gouverneur dans la cité. Un partage de pouvoir, tout nouveau, a lieu entre ce comte et les magistrats locaux. Le comte réserve pour lui la levée des impôts, le recrutement, la sanction des jugements criminels; il laisse au pouvoir municipal, à la curie, tout ce qui se rapporte aux intérêts civils, aux transactions privées... Plus tard, à l'avènement d'Euric, les lois visigothiques furent complétées dans un sens plus conforme aux idées et aux intérêts des populations.

L'évêque, comme un des hommes les plus éclairés, joua un rôle de plus en plus actif, soit dans la gestion des affaires locales, soit dans l'administration de la justice ; aussi le retrouvons-nous, sur tous les points, à la tête des municipalités, occupant les hautes fonctions de *défenseur* des cités. Et, sous l'influence prodigieuse qu'exerçaient ses évêques et ses moines par leur esprit de dévouement et de sacrifice, l'Église, on ne peut trop le répéter, triompha de la fougue des mœurs, et parvint, sinon à absorber en entier la barbarie, du moins à en atténuer singulièrement les effets.

L'introduction de la féodalité dans les Pyrénées, loin de nuire à la juridiction ecclésiastique, lui fut au contraire très profitable. Comme les seigneurs se connaissaient très peu en matière judiciaire et qu'ils étaient moins en contact avec la population, ils abandonnaient presque toujours les jugements aux évêques et aux clercs. Au XIIe siècle, l'Église connaissait exclusivement de toutes les affaires du clergé, tant civiles que criminelles, et, concurremment avec les juges séculiers, elle jugeait la presque totalité des procès entre laïques. Mais à partir du XIIIe siècle, la juridiction ecclésiastique ne fit que décliner. Ce qui avait surtout contribué à l'étendre, c'était la supériorité de ses connaissances, à côté de la profonde ignorance des juges séculiers; mais lorsque l'université eut formé des juristes aussi instruits que les prélats, la puissance judiciaire de l'Église, au lieu d'augmenter, ne pouvait que s'affaiblir.

Voici maintenant comment se divisait le nouvel état politique et administratif du pays :

Dans une partie du bas Couserans, c'est-à-dire dans la région cultivée, l'administration municipale ne changea point, ou presque point. On y retrouva les mêmes usages antiques, combinés avec le droit romain ; les populations nommaient leur curie, leur sénat, leur Conseil. Dans les hautes vallées, c'est-à-dire dans la région boisée, le pays, qui avait su se soustraire à l'administration romaine, garda son ancienne autonomie, véritable république, qui n'avait d'autre administration que celle des principaux chefs de famille, *caps d'oustaou* ; lesquels nommaient leurs fonctionnaires, leurs *jurats* (*jurer* la commune) qui, réunis en corps, formaient une espèce de sénat (1), qui traitait des affaires de la *besiaü* (voisinage), et décidait dans le *prat bésial* (pré communal), de la paix et de la guerre. Là, pas de lois écrites : l'usage, la tradition, la conscience (la meilleure des philosophies) suppléaient à tout. Pas d'impôts non plus : une simple quête (la *quisto*), suffisait pour faire face à toutes dépenses. Là, enfin, toute fonction était gratuite, et peut-être *obligatoire*.

La base sociale, dans les vallées, reposait uniquement sur la communauté des forêts, des pâturages et des eaux ; et où que fussent ces biens montagneux, et en quelles mains qu'ils passassent, les droits des usagers étaient soigneusement réservés sous le nom

---

(1) Le mot *sénat* n'a pas été apporté chez nous par les Romains, il était indigène et venait du mot celtique *sena*, il signifie faire un signe de tête, ce qui répond au vote par *oui* ou par *non*, exprimant l'opinion de cette assemblée.

d'*affouage*, de *glandage*, d'*herbage*, de *bocage*, *etc.*

Aussi lorsque le droit écrit fera son apparition, sous le régime des fiefs, nous trouverons les privilèges des vallées constatés en face de ceux des seigneurs, qui jusque-là s'étaient uniquement réservé le droit de s'incasteller, et nous verrons ces derniers, obligés d'en jurer l'observation sur les saintes écritures (XII° et XIII° siècles). Et pour mieux encore les faire respecter, les populations pastorales auront leurs milices et leurs forts, et même, au besoin, se ligueront entre elles, par de véritables fédérations, pour la défense des *usages* réservés dans leurs chartes..... Et lorsque en plein dix-neuvième siècle, nous les verrons reparaître, déguisés sous le nom de *demoiselles* (1) (1829 et 1830) formant comme une espèce de ceinture blanche autour de nos grands bois, pour revendiquer, les armes à la main, leurs droits de pacage et d'affouage, qu'elles possédaient avant la promulgation du code forestier (1827), nous reconnaîtrons, dans ce fait, un reste des *usages* de l'époque pastorale, qui ont résisté, dans nos cantons, à la législation romaine, comme à la législation moderne.

Qui les obligera à traiter avec les seigneurs ?

(1) Ce nom leur venait de ce qu'ils s'habillaient d'un costume blanc qui, de loin, leur donnait un faux air de ressemblance avec les demoiselles du pays.

La guerre; non plus la guerre extérieure, mais la guerre entre bergers de divers *voisinages*, de diverses républiques. Ces querelles permanentes offriront aux seigneurs l'occasion d'intervenir; leur puissance, déjà consolidée par leurs exploits contre les Maures, s'imposera et se fera reconnaître de tous. Ce sera en récompense des soins qu'ils se donneront pour maintenir la paix et la tranquillité dans les vallées, que leurs habitants s'obligeront à leur payer certaines redevances en nature ou en argent, pour l'entretien de la petite armée seigneuriale qui faisait la sécurité du pays, ou bien une indemnité annuelle, comme de nos jours, la république d'Andorre en paye encore une à la France.

Féodalité Pyrénéenne.

La féodalité pyrénéenne ne fut donc pas, comme dans le Nord, une puissance dominatrice, imposée aux habitants par la conquête, elle fut une autorité indigène, spontanément créée par les populations pastorales, pour mieux résister aux Arabes, et se faire respecter des voisins (1). Mais à partir du XIV° siècle, ce régime éprouva de notables modifications; le seigneur ne fut plus

---

(1) Les plus forts entre les guerriers, les plus riches entre les propriétaires, furent spontanément élus par l'acclamation populaire.

un simple chef indigène, élevé par l'acclamation et la reconnaissance de ses concitoyens, il devint un maître, imposé par l'hérédité, et souvent étranger d'origine ; il se joignait aux arbitres locaux, comme premier notable, les présidait et se mettait, en temps de guerre, à la tête de la milice.

Son castel, toujours planté au sommet d'un côteau presque à pic, ne restait accessible que par le promontoire qui le reliait aux collines environnantes, toutes peuplées d'habitants, qui trouvaient sous les créneaux du donjon un refuge en cas de péril pour leur famille, leurs animaux, leurs récoltes, et d'où ils pouvaient aller travailler leurs champs en toute sécurité dans un rayon assez étendu.

La véritable richesse des habitants reposant sur la *vaine pâture*, la propriété privée des paysans du voisinage ne s'étendait guère au delà de la *case* (maison), accompagnée de son *casal* (jardin), de la *casalère* (prolongement du *casal*), et de quelques lopins de terre arable ou de prairie, situés autour de la maison.

Le fond de la vallée livré à la culture ne formait pas la trentième partie du sol montagneux commun.

Quelle était à cette époque l'organisation administrative et judiciaire du Couserans ?

Aucun document ne peut nous fixer d'une manière complète à cet égard ; cependant les chartes postérieures, signées par les évêques et les comtes, autorisent à dire que le Couserans avait déjà des magistrats consulaires en exercice à la fin du XIII° siècle, lesquels se réunissaient sous la présidence d'un majeur (*mateur*) qui fut plus tard le maire, lequel avait tous les pouvoirs administratifs et judiciaires.

Consuls. (*Cossols.*)

Ces magistrats étaient choisis par vingt-quatre électeurs, choisis eux-mêmes dans l'assemblée populaire ; ils étaient au nombre de quatre, et ne restaient en fonctions que pendant une année, ce qui permettait aux habitants de s'occuper tour à tour des affaires de la communauté. Ils prêtaient serment entre les mains du seigneur ou de son viguier ; portaient, dans les cérémonies publiques, un chaperon mi-partie rouge et noir « servant de livrée pour intimider et donner frayeur aux méchants et contenir les bons dans le devoir. »

Vers la moitié du XVI° siècle, ces magistrats municipaux furent choisis par le seigneur sur une liste double présentée par les consuls sortant d'exercice.

Les attributions des consuls étaient de plusieurs sortes : c'était d'abord la justice, pour laquelle ils connaissaient jusqu'à 60 sols, somme importante pour l'époque ; ils exerçaient seuls la police, s'occupaient de la voirie, de la salubrité publique, des poids et mesures ; de la confection des livres terriers appelés compoix ; de la plantation et de la vérification des bornes, mais surtout de la répartition et de la levée des impôts.

Impôts.

Dans les siècles antérieurs, l'impôt se percevait par tête ou par feu, et portait le nom de capitation ; ce système laissait une large part à l'arbitraire ; dès le commencement du seizième siècle, il fut établi un tarif régulier après arpentement et estimation du sol. Quelques communes possèdent encore dans leurs archives des restes de ces compoix ou cadastres. Avant la confection de ces livres terriers, on se servait des *livres d'estime*, où l'avoir mobilier et immobilier d'un chacun était porté d'après sa déclaration faite sous serment.

La base de l'impôt ainsi établie, les consuls recevaient la mande (rôle) qui leur était transmise par les syndics du diocèse. Cette mande se composait des deniers royaux et provinciaux votés par les États-Généraux, ainsi que des dépenses spéciales au diocèse de Couserans : c'est ce qu'on appelait les petits États ou assiette diocésaine.

A ces divers impôts, les consuls ajoutaient la somme nécessaire pour faire face aux dépenses communales. Le total était réparti par les consuls entre tous les propriétaires de la communauté, suivant leur allivrement, et l'on a vu que le seigneur lui-même n'en était point affranchi.

La levée des impôts était faite par les consuls, qui rendaient leurs comptes à leurs successeurs.

La perception des impôts se donnait aux enchères, au moins disant et dernier enchérisseur, qui s'en chargeait ordinairement sur le pied du vingtième, ou sou par livre, et quelquefois au-dessous. Les consuls avaient cependant le droit de recuser le *coueillédou*, (percepteur), lorsque ce dernier n'offrait point de garanties suffisantes par lui-même ou par sa caution ; car ils étaient exposés à répondre sur leurs propres biens de la rentrée des impôts, s'il y avait faute ou négligence de leur part.

A la suite du développement qu'atteignirent les impôts à la fin du XII° et du XIII° siècle, s'ajoutèrent plus tard une foule de péages, tels que droits de douanes et de marché, de fours, de moulins, de bac, d'amendes pour crimes et délits. On vendait le privilège d'être boulanger, boucher, etc.

Milice. — Recrutement.

Dans les premiers temps, les différends se vidaient de population à population, sans troupes régulières et sans organisation militaire aucune ; des bâtons aiguisés et durcis au feu, et des pierres lancées au moyen des frondes étaient les seules armes des combattants, la hache, le javelot et le bouclier ne s'ajoutèrent que plus tard à leur armement.

Le caractère des expéditions des peuples pyrénéens était beaucoup plus défensif que conquérant, et les habitants n'étaient soumis au ban que dans le cas d'invasion. Les jurats et les consuls ne devaient réunir les miliciens et les conduire au combat que pour obtenir justice d'une vallée rivale, ou punir un seigneur voisin.

Chaque feu était compté pour un ou deux hommes valides, les convocations devaient être faites neuf jours à l'avance. Tout milicien légalement convoqué était passible de soixante-cinq sols d'amende, s'il ne répondait pas à l'appel, à moins qu'il ne combattît l'ennemi de son côté, auquel cas, l'amende était réduite à cinq sols ; il devait aussi se munir de vivres pour neuf jours. La durée du service exigé était celle de l'expédition pour laquelle il était convoqué.

Contrairement à l'opinion reçue, la conscription ne remonte pas plus haut que le XV° siècle. « A partir de là, les hommes se recrutaient par la voie du sort. On y procédait dans chaque communauté de la manière suivante : les consuls dressaient la liste des jeunes gens aptes au service et qui n'avaient pas de causes d'exemption ; on plaçait dans une urne autant de billets qu'il y avait de jeunes gens appelés au tirage ; un nombre de ces billets égal au contingent à fournir étaient noirs et ceux qui les tiraient devenaient miliciens. Les officiers élus par les communautés recevaient leur commission du commandant de la province. »

Les grands rouages administratifs, la haute direction des intérêts généraux, regardaient le comte ou l'évêque, et lorsque le pays était en danger ou qu'il s'agissait de paix ou de guerre, d'alliances offensives ou défensives, ceux-ci réunissaient alors les seigneurs du Couserans au château d'Encourtiech, où, comme le nom l'indique, ils tenaient ordinairement leur cour.

Histoire.

On concevra facilement que resserré, comme nous le sommes, dans d'étroites limites, l'exposé historique qui va suivre, ne sera qu'une analyse rapide, une espèce de table chronologique.

Après la conquête de l'ancienne Aquitaine par César, le Couserans fit partie de la Novempopulanie, qui tomba au pouvoir des Visigoths au V° siècle. Ceux-ci furent dépouillés de cette province par Clovis au commencement du VI° siècle, et le Couserans ainsi que le Comminges firent dès lors partie des possessions franques : l'un et l'autre entrèrent dans le partage de Charibert, roi d'Aquitaine, en 628, et furent ensuite possédés par les ducs héréditaires d'Aquitaine, lesquels furent plus tard dépossédés par Pépin le Bref. Charlemagne et ses successeurs firent gouverner ces deux pays par des comtes particuliers bénéficiaires. Asnarius, descendant de Vandrille, seigneur de Vasconie, qui avait réuni les deux comtés, sous la suzeraineté des comtes de Toulouse, au commencement du X° siècle, en fut le premier comte, et après lui ses deux fils, Arnaud I" et Roger I", furent en partie ou par indivis comtes de Comminges et de Couserans. Arnaud I" agrandit son domaine des comtes de Carcassonne et de Razès par son mariage avec Arsinde, héritière de ces deux comtés. Sa postérité masculine, divisée en plusieurs branches, partagea plus tard les comtés de Comminges et de Couserans avec les descendants de François I". Bernard III, comte de Comminges, qui mourut en 1150, recueillit toutes ces portions, et donna le Couserans, à titre de vicomté, à Roger son fils puiné. Sa famille continua de posséder le comté de Comminges jusqu'à Marguerite, comtesse de Comminges, fille héritière de Pierre Raymond II, qui mourut sans enfants en 1453, après avoir fait don de ce comté au roi de France Charles VII. Il fut trois fois donné en fief : à Jean de Lescun, 1461 ; à Odet d'Aydie, seigneur de Lescun, 1478 ; et à Odet, vicomte de Lautrec. Après celui-ci le comté de Comminges fut définitivement réuni à la couronne de France (1490).

Charles VIII y établit, aussitôt, un juge et un procureur pour y rendre la justice ; un receveur pour percevoir les revenus, sous la dépendance du sénéchal de Toulouse, et le Couserans fit siéger un député aux Etats de cette province.

Sous le règne, plein d'éclat, de Louis XIV, la centralisation commence…

Environ un siècle après (1716) le Couserans fut compris dans la généralité d'Auch et administré par un subdélégué, dont les fonctions se rapprochaient beaucoup de celles des sous-préfets de nos jours, ayant, dit une ordonnance du 15 avril 1704, « le droit de déférer et non celui de décider ». Le subdélégué était placé sous la direction et l'autorité de l'intendant d'Auch, lequel avait dans son ressort un pouvoir qui s'étendait à tout : finances, agriculture, commerce, travaux publics, police, etc., etc., tout était centralisé entre ses mains. Les communautés (communes) ne pouvaient acheter, vendre, emprunter, aller en justice sans son autorisation.

Ce régime finit à 1790.

L'histoire du Couserans, comme nous l'avons dit ailleurs, est encore à écrire…, mais les documents font généralement défaut. Pour nous, simple narrateur, nous n'avons fait, pour ainsi dire, que courir sur la cîme des choses, en puisant un peu partout, et en nous résumant quelquefois nous-même. Une plus haute entreprise, d'ailleurs, eût exigé de nous des connaissances plus étendues et de plus amples recherches. D'autres, plus heureux, feront avancer l'œuvre en y joignant le fruit de leurs méditations et de leurs études. D'autres enfin couronneront l'édifice de son faîte, sans toutefois pouvoir le terminer en entier, car, comme le dit très bien un publiciste, les travaux de détail, qui font la correction de l'ensemble, sont les plus longs et les moins apparents. Donc, pour résumer, nous dirons que de longtemps encore, il ne faut pas s'attendre à avoir une bonne histoire du Couserans.

VILLE DE SAINT-LIZIER

Saluons la ville de Saint-Lizier, qui se dresse brusquement au-dessus de la vallée ; Saint-Lizier, la ville-musée de l'Ariège, l'ancienne Rome du Couserans, avec ses vieux remparts, ses sculptures antiques, ses sarcophages, ses inscriptions votives ; — la ville sainte, avec sa cathédrale et ses reliques, son cloître roman, son palais épiscopal et le tombeau de ses évêques. Elle se résume tout entière dans ce beau vers :

Rome épouse du Christ et veuve de César.

Si, pour lier connaissance avec la ville, vous prenez, en sortant du pont — un témoin du XII° siècle — cette rue qui s'élève perpendiculairement à votre gauche, puis se bifurque deux fois, en forme d'Y, ne vous étonnez pas de la voir aussi morne, aussi silencieuse. Ce n'est pas une rue de Constantinople, c'est une rue de Saint-Lizier... Saint-Lizier où vous n'entendez guère que le bruit de vos pas, et si roide que vous la trouviez, cette *artère*, si hostile que vous paraisse son pavé, bien serré et la pointe en l'air, allez, montez toujours, car elle vous fera promener d'un quartier à l'autre, entre ces deux points de l'anthithèse : le *beau* et le *laid*, l'*antique* et le *moderne*.

A part ce qui reste des fortifications romaines, à part les édifices religieux, les établissements publics et quelques maisons seigneuriales bordées de terrasses qui s'élèvent au-dessus de la ville et qui présentent à l'œil un magnifique panorama, Saint-Lizier n'offre plus aujourd'hui qu'un vaste amas d'habitations vieilles et caduques, séparées par des rues étroites, enfumées et fatigantes à cause de la pente du sol et des plus détestables galets qui se puissent voir.

Bien différent est l'aspect extérieur de la ville, vue de Saint-Girons ; il serait difficile de rendre l'impression que l'on éprouve de ce point ; on dirait en abrégé Alger ou Naples dans le cœur des Pyrénées.

Voici la description, pleine de grâce et de fraîcheur, qu'en fait Louis de Froidour (1), dans son voyage aux Pyrénées en 1667 :

« La ville de Saint-Lizier est bâtie sur un

---

(1) Commissaire désigné par la grande maîtrise de Toulouse pour procéder, avec les intendants, à la réformation des forêts.

côteau de montagne exposé à peu près au midi, et qui règne le long de la rivière du Salat. Elle est pleine de rochers : quoiqu'elle soit petite, il y a néanmoins cité, ville et faubourg. (Austrie formait en effet trois enceintes.) C'est le lieu où est le siège épiscopal du Couserans. La cité est au lieu le plus éminent qui est de fort petite étendue ; le logis de l'évêque, quoique assez étroit, en occupe la plus grande partie (ainsi que la résidence des principales familles nobles du Couserans),

On descend ensuite dans la ville et de descente en descente, jusqu'au faubourg, à l'extrémité duquel il y a un pont de pierre fort étroit par lequel on passe du côté du Castillonnais et de la baronnie d'Aspet. La rivière qui passe dessous, étant resserrée par une infinité de rochers, y fait avec mille cascades un si grand bruit qu'où ne s'y entend pas parler. »

Quels sont les noms que la ville a portés ?

Saint-Lizier est appelé, tour à tour, par les anciens auteurs : Austria, Austria, Civitas consoranorum.

D'où viennent ces noms ?

Saint-Lizier portait à son origine le nom d'Austria, parce que cette ville était la capitale des Austes dont nous avons déjà parlé dont le territoire montagneux commençait là. La région où est Auch et celle où est Saint-Lizier, appartenaient à la même population. Ces deux pays étaient les mêmes que César dit être habités par les *Ausci* (dont le génitif est **Auscorum**).

Auch et **Auschia**, c'est-à-dire **Auskia**, en étaient les centres administratifs les plus importants.

Les anciens livres terriers de Saint-Lizier rappellent encore ce nom ; ainsi, une partie du chemin de Saint-Lizier à Montjoie s'appelle *Carrèro d'Ausko*, rue d'Auske. — Un des chemins qui conduisent de la colline de Marsan à Saint-Girons, est désigné sous le nom de *Carré d'Bake*. — Deux autres chemins, au nord de la ville, sont appelés *Costo d'Bakeurs* et *Pico d'Bake*. C'est du nom d'**Auskia** que s'est formé celui d'**Austria**, que les Romains, après la conquête, modifièrent à peu près ainsi en mettant un T à la place d'un K, cette dernière lettre étant très peu en usage dans leur langue ; et, c'est en le latinisant, que le nom s'est dénaturé. Les étymologistes, en y mettant un peu de bonne volonté, y ont trouvé bientôt le fameux : *Ab austro flantis*, à cause de son exposition au midi ; plus tard ils ont fait dériver le nom des mots *aqua* eaux, et *tres* trois, dont par contraction on a fait Austria (trois eaux) à cause de sa situation au-dessus des trois rivières (le Salat, le Lés et le Baup). De plus savants plus fort.

Quoi qu'il en soit, le nom d'Austria n'acquis définitivement droit de bourgeoisie, parmi les Consorani, que du jour où la ville fit partie du royaume d'Austrasie, Austria, en l'an 587. Beaucoup d'autres lieux ont vu, d'ailleurs, leurs noms se changer plus tard en celui des peuples qui s'en rendirent maîtres.

Quant à la dénomination de Civitas consoranorum, citée par plusieurs auteurs, elle dérive, non de la prétendue tribu des Consorani, comme on l'a cru à tort jusqu'à présent, mais de la création même du mot Consoran, c'est-à-dire Couserans.

Tous ces noms et leurs étymologies attestent, une fois de plus, l'antiquité de Saint-Lizier et servent à nous faire mieux remarquer l'importance du chef-lieu de la cité.

Une voie romaine se reliant à la *Via ab Aquis Tarbellicis Tolosam*, près du confluent de la Garonne et du Salat, desservait la Civitas consoranorum; on en a retrouvé des traces à Prat, à Caumont, à Saint-Lizier et dans la vallée du Lez, où une carrière de marbre noir antique était exploitée par les Romains, et non loin de laquelle se trouve encore une de leurs piles consacrée aux *diviales*, protecteurs des voyageurs. Peut-être aussi s'embranchait-il sur cette voie, sur Aulus où ils exploitent un établissement balnéologique très important qu'on a retrouvé Chez-Minier (Château de Tristan de Castelbajac) encore dans l'état où l'ont laissé les Romains.

Ne sait-on pas d'ailleurs que les lieutenants de César avaient établi, dans le pays de Couserans, une ligne stratégique directe, pour joindre les deux grands bassins de la Garonne et de l'Ebre, ligne qui était protégée par de nombreux postes militaires depuis Roquefort jusqu'au port d'Aula.

En écrivant cette monographie nous constatons avec douleur que les documents font généralement défaut. Les archives elles-mêmes de la ville furent brûlées en 1120 ; ce qui en reste ne date pas de plus loin que le XV° siècle.

Elles étaient le plus souvent écrites en latin et tenues par les moines, les chartes seules et les contrats privés étaient rédigés en patois roman (XIII° et XIV° siècles). Cette langue était parlée dans tout le Couserans, avec quelques légères variations dans la prononciation, telles que le V en B, L en T, quelques O en OU, selon les localités.

Mais si l'histoire, comme dit très bien M. Julien Sacase, ne nous fournit que peu de renseignements sur les Consorani, l'épigraphie nous fait connaître l'organisation municipale de leur cité ; quelques-unes des divinités topiques et romaines adorées dans le pays ; enfin plusieurs habitants de conditions diverses, dont certains portent des noms indigènes très intéressants pour l'étude de la langue et de la race des anciens peuples pyrénéens, comme nous le verrons tout à l'heure.

Saint-Lizier offre à l'historien deux phases principales : la domination romaine et le moyen âge ou l'influence ecclésiastique.

Saint-Lizier pendant la domination romaine.

Les Romains, après s'être rendus maîtres des *Consorani*, peuple fier et valeureux, qu'ils eurent fort à combattre, firent de la ville d'Auskia un de leurs points stratégiques les plus importants, et y établirent le siège d'un *duumvir*. On sait qu'ils n'avaient de *duumvirs* que dans les villes les plus importantes de l'empire ; ces magistrats avaient la même autorité que les consuls de Rome, et portaient la robe prétexte. Le *duoviral* ou le *quatuorvirat*, selon le cas, était la plus haute fonction municipale, il correspondait à la préture de Rome.

La ville, du temps des Romains, était divisée en sept quartiers principaux reposant sur autant de collines et dont chacun était représenté, comme à Rome, par un autel votif ou un temple.

L'étymologie des noms des localités environnantes et les débris que l'on y a trouvés en font foi. Ces localités sont : Montjoie, Lara, Marna, Lédar, Baliar, où, comme nous l'indiquons, il y avait des autels.
Jovis, L'ara, Mars-ara, Lédar-ara, Bal-ara.

---

(1) *Baal* est une divinité Syrienne, que les Romains

auxquelles on doit ajouter Caumont (*Calvus-mons*), où il y avait un autre temple dédié à la déesse *Aude*, et Lescure (*Aras-curare*), lieu qui avait aussi son sanctuaire de Jupiter, où se rassemblaient les prêtresses qui prenaient soin de tous ces autels et de tout ce qui concernait le service des dieux. On peut conclure de ces indications que la vieille Austrie embrassait, avec ses faubourgs fortifiés comme elle, une étendue approximative d'un myriamètre carré (1).

Les remparts de Saint-Lizier sont encore debout à l'ouest ; leur enceinte, une des plus remarquables de France (270 mètres de longueur de l'est à l'ouest et 150 mètres du nord au sud), marque l'emplacement du centre primitif de la *civitas* : c'est la ville haute, l'ancien *oppidum*, désigné encore sous le nom de *Cioutat* (citadelle).

On y entrait par trois portes qui subsistent encore aujourd'hui sous les noms de *porto det cassé, porto detch her, porto det nargath* ; lesquelles, sous d'autres désignations, ont vu passer les maîtres du monde !

La *porto det cassé* doit son nom à un chêne antique, plusieurs fois séculaire, lequel nous fit ses derniers adieux en 1815.

C'est sous sa voûte vénérable que se donnaient tous les rendez-vous et que les bourrées dansaient en buvant du *picolo*.

La *porto detch her* qui n'a aujourd'hui rien à faire avec le fer, est celle qui passe sous la tour de l'horloge — XII° siècle — a : faîte de laquelle est une petite cloche qui fut respectée lors de la Révolution parce qu'on la déguisa sous la désignation d'horloge publique.

La *porto det nergath*, dont le nom n'a aujourd'hui de signification dans aucune langue est, de toutes les portes, celle qui risque le moins d'être enfoncée.

Le donjon, odieusement enclavé dans l'asile des aliénés, est désigné sous le nom de *peyrero* qui signifie, comme son nom l'indique, *dépôt de pierres*. C'est de là, en effet, qu'on lançait des pavés sur les assiégeants et d'autres projectiles ; il s'y en trouvait encore une énorme quantité lors de la construction de l'asile (1850). De cet endroit, d'après une tradition fort accréditée, partaient des souterrains par lesquels la ville communiquait à la rivière, à la belle grotte de *Migué* (1) au Marsan, etc. D'autres couloirs,

---

(1) Cette grotte,

dont on a aussi trouvé les traces, s'enfuyaient vers d'autres points, ou allaient se perdre dans lesdits souterrains.

Migué signifie moitié chemin. La tour de *Migué* était, en effet, le point intermédiaire entre le donjon de la citadelle et une autre tour qui existait au pont du Baup, lesquelles correspondaient ensemble.

Nul doute que cette ville qui possédait une place de guerre, et qu'un ancien auteur appelle le *petit miroir* de Rome, ne dût avoir ses palais, ses casernes, son forum, sa basilique, son cirque, son théâtre, ses jardins et ses thermes ; et ces édifices publics devaient être presque tous bâtis sur le modèle de quelques-uns de ces mêmes bâtiments qui étaient à Rome.

Il serait difficile, pour ne pas dire impossible, de déterminer l'endroit même qu'occupaient ces établissements dans la cité, les Goths ayant eu soin de faire disparaître tous les monuments qui pouvaient rappeler la grandeur des Romains ; toutefois, nous pourrions présumer l'emplacement du forum. Ce lieu ne pouvait être autre que la place actuelle du marché. La basilique devait être

avait gravés en 1715 sur le portail de la

inventa plurima ossa

fratres, otvès otvès,

potuit suadere malorum.

également contiguë au forum. Le mot basilique était employé dans le sens de tribunal. Elle consistait ordinairement en une salle rectangulaire qui se terminait par un hémicycle voûté, au centre duquel était placé le magistrat. C'était, en effet, de là que le préteur rendait la justice et qu'on traitait des affaires du peuple. Tous les bureaux de l'administration y trouvaient place.

On sait que sous le règne de Constantin, le christianisme s'empara avec empressement des basiliques romaines assez bien disposées, d'ailleurs, pour les cérémonies du culte et, sans autres préliminaires, l'évêque remplaça le juge dans l'hémicycle ; ce fut le sanctuaire. Les prêtres et les diacres se tinrent autour de lui ; les chantres et les clercs occupèrent la place affectée aux avocats et aux clients, et le public envahit la nef. C'est là évidemment la première origine de l'église de Couserans.

Rebâtie par l'évêque Licerius, avec les débris de l'ancienne, elle fut incendiée en 1120 et il n'en resta que les gros murs qui font encore partie de l'église actuelle.

Le théâtre et le cirque, dont les Romains étaient si affolés, n'ont pas laissé des traces visibles de leur situation.

Les bains publics devaient sans doute occuper le siège même de l'établissement balnéaire d'Andinac qui n'est qu'à peu de distance de la ville, et dont l'origine paraît romaine.

Austria, comme nous l'avons dit, avait des jardins et des villas, lesquels s'étendaient à l'ouest, jusqu'au village de Lorp, dont le nom lui vient de *hortus*, jardin, en patois l'*hort*, dont par corruption on a fait Lorp.

Quant aux établissements militaires, ils étaient construits, selon toutes apparences, au pied même de la colline du *Marsan*, où comme le nom l'indique, le dieu mars avait un temple. C'est là même, que la charrue faisait jadis surgir du sous-sol des débris de fondations aussi durs que le granit, et qui étaient sans doute les derniers restes de ces casernes romaines, lesquelles prêtaient main-forte aux troupes de la citadelle en communiquant par la grotte de *Migué*.

La chapelle du *Marsan* où l'on se rend processionnellement le lundi de la Pentecôte en accomplissement d'un vœu, occupe justement la place du temple du dieu de la guerre. Les hypothèses sont toujours dangereuses en histoire, et nous en userons le moins possible ; toutefois, nous ne croyons pas aller trop loin en disant qu'il devait y avoir, dans ces établissements militaires, des écoles hippiques où l'on devait enseigner à dompter et à conduire le cheval. On sait avec quelle prestesse les Romains jetaient le lacet pour le saisir et s'en rendre maître, et avec quelle ingénieuse adresse ils savaient renverser les cavaliers ennemis.

À leur dextérité et à la forte organisation de leur cavalerie, qu'il faut attribuer en grande partie les succès militaires éclatants qui firent la gloire du peuple-roi. Que pouvaient, en effet, contre des cavaliers si bien exercés, ces essaims de cavaliers barbares se mouvant avec plus ou moins de confusion ?...

Les chevaux que les Romains employaient dans le pays devaient naturellement se recruter dans les régions montagneuses du Biros, si renommées par l'excellence de ces animaux dont la vélocité et la sobriété n'avaient d'égales au monde. Leurs jambes sèches et nerveuses les transportaient d'une cime à l'autre avec l'agilité du chevreuil. On dit même que le pas allongé de ces chevaux égalait le grand trot et même le petit galop des nôtres d'aujourd'hui.

Les espèces du Biros, si renommées dans l'ancien temps, se sont trouvées détruites après les dernières guerres dont les Pyrénées ont été le théâtre. Depuis cette époque, des essais de régénération ont été inutilement tentés ; l'ancienne espèce est encore à renaître.

Tableau des inscriptions romaines de Saint-Lizier.

DIS MANIBVS
LONGINH
...NI, DVVMVIR
... VALERIA
...A, VXOR
MARITI OPTIMI.

« Aux dieux mânes (prénom ; Longinius (surnom) ; duumvir,... Valeria (surnom), épouse du meilleur des maris. »

(*Vendue par M. Maurel à M. Barry, en 1868.*)

O HANARRO,
DANNORIGISFILIO,
MAGISTRO QVATER ET QVAESTORI ;
VIVAE ALDENI DONNI FILIAE, VXORI.

« A feu Hanar, fils de Dannorix, quatre fois *magister* et questeur ; à Aldone, fille de Donus sa femme encore vivante. »

(*Déposée depuis 1794 au musée de Toulouse.*)

MINERVAE
BELISAMAE
SACRVM
QVINTVS VALERIVS
MONTANVS,
EX
VOTO.

« Autel à Minerve Bélisama. Quintus Valerius Montanus, en accomplissement de son vœu. »

(*Encastrée dans une pile du pont de Saint-Lizier.*)

Nota. La déesse des *Consorani*, *Belisama*, fut assimilée, identifiée même à Minerve par les Romains, gens empressés à honorer les divinités des autres nations pour faire adopter et bientôt prévaloir leurs propres divinités.

(Julien Sacase.)

FORTVNAE
AVGVSTAE
MARCVS VALERIVS
IVSTVS
EX
VOTO

« A la Fortune auguste, Marcus Valerius Justus, en accomplissement de son vœu. »

(*Portée à Saint-Girons dans un jardin appartenant à Mlle Louise de Seguin.*)

...DIS MANIBVS
...CAII FRONTONII...
...QVINTVS IVLIVS TAVRICVS.

« Aux dieux mânes de Caïus Frontonius Quintus Julius Tauricus. »

(*Déposée à la salle de la Bibliothèque de Foix.*)

NONIAE EVANT
HIDI, CONIVGI IN
COMPARABILI, VI
XIT ANNOS XXVIII,
MENSES V, DIES XXVII :
TERRENTIVS MARCELLVS MILES.

« A Nonia Evanthis, son épouse incomparable, qui a vécu 28 ans, 5 mois et 27 jours : Terentius Marcellus, soldat. »

(*Se trouve dans un contrefort, au mur de l'église de Saint-Lizier, au touchant, auquel est adossée la maison Darrou, du grenier de laquelle on peut la lire.*)

DIIS MANIBVS
CAIO I...
SIANO CON-
IVGI CARISSIMO,
IVLIA ALPINAVX
OR.

« Aux dieux mânes. A Caïus..., mari bien aimé. Julia Alpina, son épouse. »
(*Conservée par M. Frèche à Castillon.*)

SERA-
AE, PRIM-
VLVS
FILIVS.

« A Serana, Primulus, son fils. »
(*Déposée au musée de Toulouse.*)

GAJAN

....

HALOISSO,
CAIVS POMPTI
NIVS
SVPERBVS.

« A... Haloissus, Caïus Pomptinius Superbus. »
(*Envoyée en 1857 à M. Barry, à Toulouse.*)

CAUMONT

DEAE ANDEI,
LAETINVS,
LAETI FILIVS
VOTVM SOLVIT LIBENS MERITO.

« A la déesse Ande, Loetinus, fils de Lactus, acquitte son vœu avec empressement et reconnaissance. »

(*Déposée au musée de Foix.*)

....

**SERGIVS PAVLVS
VXORI CASTISSIMAE.**

« Sergius Paulus, à son épouse irréprochable. »

(*Servant de seuil à la maison Cazes et retrouvée par nous, plus un fragment de brique portant les lettres C-AV-K, et quelques médailles du Haut-Empire, dont l'une est à l'effigie d'Antonin avec la légende de VIRTUS AVGVSTI, au revers, conservée par nous.*)

LESCURE

**IOVI OPTIMO MAXIMO.
AVCTORI
BONARVM
TEMPES
TATIVM :
VALERIVS JVSTVS.**

« A Jupiter très bon, très grand, auteur des bonnes saisons : Valerius Justus. »

(*Portée en 1850 à la Bibliothèque de Foix.*)

Que nous reste-t-il à signaler de la période romaine ? — Le voici :

Le quartier du Luc, à un pas de Saint-Lizier, dont le nom rappelle une origine romaine *Lucus*, bois sacré, où les druidesses à l'entrée de la nouvelle année coupaient le gui, vêtues d'une robe blanche et armées d'une serpe d'or.

Au centre de la forêt s'élevait un autel druidique de forme carrée, tourné vers l'Orient et que les Romains tenaient pour sacré. C'est de cet autel et de la rivière du Lez que le faubourg de Lédar a tiré son nom. Ce nom dérive, en effet, de *Lez* et de *Ara* (autel), dont, par corruption, on a fait Lédar.

Nous signalerons encore :

Une statue de *Janus* en marbre, avec ses deux têtes, découverte en 1771 dans l'intérieur d'un autel de l'église de Saint-Lizier et déposée au musée de Foix. Une espèce de petit tombeau de deux pouces de long, formant à coulisse et environné de cette inscription : *Addolenus eps flevianus S. ibi*, déposé au musée de Foix.

Une cinquantaine de médailles, autres sortes de tombeaux portatifs « voyageant à travers les siècles », dont la collection forme un manuscrit d'or et de bronze, déposées au même musée.

Y avait-il un atelier de monnaie à Saint-Lizier ? — On est porté à le croire, quand on considère que les anciens Romains étaient de grands enfouisseurs de trésors, chacun en cachait selon ses facultés ; cela épuisait les espèces courantes et obligeait d'en frapper perpétuellement de nouvelles. Un auteur ajoute même que si, depuis le départ des Romains, on avait conservé toutes celles qu'on a trouvées dans le seul pays de Couserans, on pourrait en enrichir tous nos musées...

Nous possédons, nous-même, une médaille du Haut-Empire, à l'effigie d'Antonin, avec la légende VIRTVS AVGVSTI, au revers, laquelle fut trouvée dans le voisinage de l'ancien château-fort de Caumont, et déchiffrée en 1882, par M. Allmer, membre de l'Institut, qui vint nous prier de la lui présenter.

Ce n'est que depuis François Ier qu'on collectionne en France les plus belles et les plus rares. Avant ce temps on fondait tout ce qui se trouvait.

Citons encore des tronçons de colonne, des morceaux de chapitaux, des fragments de pierres cannelées, des feuilles d'acanthe, frises, etc., incorporées aux vieux murs de la cathédrale (1) et qui paraissent avoir été la décoration de la basilique romaine.

Deux gueules d'aqueducs, avec des fragments de sculptures antiques, qui se montraient autrefois au pied des remparts, du

---

(1) C'est depuis une ordonnance de Charlemagne qu'on trouva de ces pierres encastrées dans les murs des églises et autres édifices publics. Ce grand souverain, en appliquant cette mesure dans l'Empire, voulait sans doute conserver aux générations à venir tous ces monuments des religions qui avaient précédé le christianisme ; c'était peut-être le seul moyen de les sauver d'une destruction certaine à ces époques de foi naïve et ardente.

côté de la porte *Nargua*, et dont il ne reste plus de traces.

Des ustensiles de ménage, des vases de terre consacrés à des usages inconnus ; d'anciens poids et mesures, de grands crampons de fer, des arcs à rouet que faisaient partir des cordes à la torsion, faites avec des nerfs, des crins et de long cheveux, ce qui explique pourquoi les historiens disent que, dans les villes assiégées, les femmes coupaient leurs cheveux pour les faire servir à prolonger le siège.

Bien d'autres débris antiques s'y produisent dans la maçonnerie des maisons qui pourraient être aussi d'un grand secours pour connaître l'histoire du pays. D'autres enfin sont cachés dans l'intérieur des terres et que des fouilles profondes nous feraient aisément retrouver.

Un propriétaire de Saint-Lizier, M. de Saint-Blanquat, a encore trouvé dans son jardin, à un kilomètre de la ville, divers objets de provenance romaine, franque et arabe, et les corps de six guerriers rangés côte à côte et couverts de leurs armures.

Toutes ces richesses, dont quelques-unes d'un très beau travail et représentant des sujets variés à l'infini, sont faites pour nous donner une haute idée de l'antique Saint-Lizier ; et, bien que le plus souvent confondues avec différents matériaux, il serait facile, en examinant attentivement leur nature et leurs décorations, de voir à quels monuments elles ont appartenu, et par conséquent combien il en a été détruit. C'est là la tâche des savants antiquaires, et nous nous garderons bien d'empiéter sur leur domaine.

> « Un jour le laboureur, dans ces mêmes sillons,
> Où dorment les débris de tant de bataillons,
> Heurtant avec le soc leur antique dépouille
> Trouvera, plein d'effroi, des dards rongés de rouille ;
> Verra de vieux tombeaux sous ses pas s'écrouler,
> Et des soldats romains les ossements rouler. »

Austria et le Couserans suivirent la fortune de l'Empire Romain jusqu'en 412, époque à laquelle l'empereur Honorius céda la forteresse à Atoulf ou Astolphe, roi des Goths, qui vint en prendre possession.

Les Goths la gardèrent environ deux siècles. Accablés d'exactions, les habitants se soulevèrent et chassèrent la garnison barbare et reconnurent l'autorité ecclésiastique.

En quelques mots, voilà l'histoire de la période romaine. Elle se présente à nous comme une vieille et riche tapisserie, dont il ne reste plus que le canevas avec quelques rares fils d'or et d'argent. Ce n'est qu'en réunissant ces fils qu'il nous a été possible de composer le tissu de cette ébauche, qui n'est pas sans couture comme vous voyez...

Aujourd'hui, l'étranger qui visite cette ancienne cité, ne doit pas s'étonner si, après tant de siècles, elle offre si peu de monuments antiques à sa curiosité ; tous les ouvrages dont les Romains s'étaient plus à l'orner ont péri sous les efforts des barbares ou des comtes ambitieux plus barbares encore.

L'autorité municipale, il faut bien l'avouer, plus attentive à son écharpe qu'aux antiquités romaines, ne s'est mise en peine, à aucune époque, d'en assurer la conservation.

Ce qui a échappé a été insensiblement détruit par le temps ou enfoui dans les constructions nouvelles, dont nous avons déjà parlé.

Nous entrons de plain pied dans la période chrétienne.

« Mars, Vénus, Jupiter, tous ont fini leur rôle,
Ils ont tous disparu comme leur Capitole ;
L'Olympe suit le sort de l'Empire Romain.
Quelle nuit ! Cependant j'y vois poindre une aurore ;
L'Empire se transforme : il doit revivre encore ;
Et Rome aura son lendemain. »

Saint-Lizier pendant la période chrétienne.

Nous venons de voir les différentes phases qu'a parcourues la capitale du Couserans d'abord libre, puis dominée tour à tour par les Romains, les Goths et les Sarrasins, etc.; nous allons la suivre maintenant à travers le moyen âge, époque non moins agitée pour elle.

Aux premières lueurs du christianisme, c'est-à-dire un siècle après que le Christ eut, selon la belle expression de Pagés, de l'Ariège, ouvert du haut de la croix ces longs siècles de persécution qui durent encore, le culte de l'idolâtrie et ses absurdes superstitions était dans toute sa force dans les vallées du Couserans. On ne sait qui apporta le premier dans nos vallées la connaissance de la foi nouvelle. On ne saurait non plus déterminer l'époque précise de la création d'un siège épiscopal dans ce pays. Mais nous n'hésiterons pas à déclarer que saint Valier, venu d'Espagne dans le Couserans vers la fin du troisième siècle, en fut le premier évêque ; la chapelle que la piété de ses contemporains éleva sur son tombeau est une preuve suffisamment authentique à nos yeux de son apostolat et de son autorité. Il est dit, d'autre part, dans une publication qui date du XVIIIe siècle que l'évêché du Couserans remonte au premier siècle de l'Église, que saint Paul, de Narbonne, étant venu dans le pays pour y prêcher le christianisme, l'y trouva suffisamment connu et ne jugea pas utile d'y séjourner (1).

Quelques écrivains locaux ont prétendu même qu'un certain Sergius-Paulus, dont on a trouvé la pierre tumulaire à Caumont, n'était autre qu'un disciple de saint Paul qui aurait été envoyé par cet apôtre dans le Couserans pour y prêcher l'Évangile et ra-

---

(1) Un ancien chanoine de Saint-Lizier, Dupont d'Argein, rapporte le même fait, comme l'ayant trouvé dans un manuscrit très ancien, déposé dans les archives du Couserans.

mener le peuple à la loi. Mais ce ne sont là que de pures hypothèses, reproduites sans scrupule par d'autres auteurs, et qui ne peuvent par conséquent nous inspirer la moindre créance. La vérité est que ces premiers pontifes, qui n'avaient pour crosse et pour mître qu'un bonnet de laine et un bâton recourbé, n'avaient pas de résidence fixe et qu'il fallut arriver à la fin du huitième siècle pour que le diocèse fût régulièrement constitué. Vers ce même temps il fut replacé sous la dépendance de la métropole d'Auch à laquelle il avait été soustrait sous la domination franque, avec les autres évêchés de la Novempopulanie.

Quatre siècles se passèrent sans que l'histoire eût à enregistrer aucun fait digne de mémoire. Dans le huitième seulement, sous le pontificat de saint Lizier, les Goths tentèrent de reprendre Austria et vinrent l'assiéger sous la conduite de Recceswinth, leur roi. Une vieille légende rapporte que les habitants ne se sentant pas en état de se défendre, l'évêque Licérius implora les secours du ciel, et que la nuit suivante, la ville fut miraculeusement délivrée par la vertu des prières de son évêque qui apparut en songe au barbare et le fit reculer, comme Attila devant saint Léon.

« Sortons d'ici, Rome est à Dieu ! »

Et pendant que l'évêque priait, ajoute une autre légende, un brouillard de la rivière enveloppa la ville comme s'il eût voulu la couvrir d'une égide, et l'ennemi s'enfuit saisi d'une crainte superstitieuse. En 736, les Sarrasins moins touchés, eux, des suppliques du saint pontife, saccagèrent la ville épiscopale. Leurs forces ne s'élevaient pas à moins de trois cent mille combattants. Quoique bien approvisionnée et bien défendue, la ville effrayée par une armée aussi formidable, appela à son secours les Visigoths qui la trahirent et livrèrent aux assiégeants l'une des portes. L'évêque Lizier s'enfuit alors à Tarbes, auprès de l'évêque Fauste, son ancien maître, qu'il trouva accablé d'infirmités et dont il dirigea le troupeau pendant deux ans.

Urbem regebat Tarbiam
Urbem pastor et Austriam.

Quand Charles-Martel parut dans le Midi, les Arabes abattirent les fortifications, incendièrent les édifices et s'enfuirent. Saint Lizier put rentrer alors dans sa ville épiscopale et, de concert avec Charles-Martel, il donna tous ses soins à en relever les murs et les églises, rebâtit la maison épiscopale et canonicale à la place même où s'élève l'hopital actuel, et dans un quartier qui garde encore le nom de *vigne de l'évêché*.

Pendant quarante-quatre ans, il gouverna son diocèse avec une sagesse et une force dont il a laissé un souvenir impérissable. En 742, de nombreux miracles s'opérèrent sur son tombeau et lui méritèrent un culte public. Pour perpétuer à jamais la mémoire de ce grand évêque et aussi pour lui témoigner sa reconnaissance, la ville, environ un siècle après, prit son nom et le choisit pour le patron de sa cathédrale.

C'est peut-être ici le lieu de rappeler la vie de ce saint prélat, mais pour parler dignement de saint Lizier il nous faudrait, comme le prophète, purifier nos lèvres avec un charbon ardent..... Il était de race portugaise, noble et chrétienne. Son père l'avait envoyé de bonne heure à Tarbes, auprès de l'évêque saint Fausto, pour y apprendre la théologie. Exilé à Aire, quelque temps après avec son maître, par Euric, roi des Goths, qui n'avait pu les entraîner vers l'arianisme, il parvint à rentrer furtivement dans la Bigorre, dont il parcourut les vallées pour soutenir les populations contre la propagande Arienne; puis il se réfugia dans les montagnes de l'Ariège et du Salat, et trouva un asile auprès de son oncle saint Quentien, évêque de Couserans. Celui-ci lui conféra les derniers ordres, l'associa à son ministère et le désigna pour son successeur (698).

Animé d'un zèle ardent pour le salut de son troupeau, ce bon pasteur exhortait avec amour les pécheurs et les rattachait à la foi. Son éloquence naturelle, simple et douce allait droit au fond de l'âme. Il leur enseignait seulement à s'aimer, à prier Dieu et à faire le bien pour le mal. Il aimait à leur répéter ces paroles du divin maître : *Venez à moi vous tous qui souffrez et je vous ranimerai...*

Bienheureux ceux qui pleurent ! Bienheureux ceux qui ont le cœur pur !... et il ajoutait : *Bienheureux ceux qui meurent dans le Seigneur!* Ou bien quelques-unes de ces maximes morales et philosophiques qui sont les plus riches brillants de la sagesse humaine... et qui, par leur éloquente simplicité, font aux âmes douces et sincères, un bien plus grand que tous ces discours à effet qui sentent l'effort et l'huile... Ce qui tenait à cœur au saint évêque, c'était de faire vivre la doctrine de Jésus-Christ, son maître, c'était de conduire à terme l'affaire sacrée qui lui était confiée. Il allait de déserts en déserts, de forêts en forêts, de neiges en neiges, de hameaux en hameaux. Ni le poids des fatigues ni le poids des infirmités n'arrêtaient ni ne détournaient ses pas. Les premiers évêques imitant, avec le dernier scrupule, la vie des apôtres, étaient toujours prêts à faire le sacrifice de leur vie pour le salut des âmes, et leur sublime dévoûment, soutenu par la foi, leur assurait le respect des premiers chrétiens. En même temps ermites et prélats, ils se retiraient souvent dans les grottes ou dans des cabanes cachées dans les bois, d'où ils ne sortaient que pour aller prêcher l'Évangile aux peuplades des montagnes. Saint Lizier avait fait bâtir, dans ce but, à une lieue de la ville, un petit oratoire consacré à saint Jean-Baptiste (sur l'emplacement même où s'élève l'église d'Eycheil), où il se rendait souvent pour prier et se préparer à la prédication.

Un jour qu'il en était sorti pour aller évangéliser les âmes soumises à sa juridiction (ici l'histoire cède le pas à la légende), il rencontra vers minuit, sur la rive opposée du Salat, des paralytiques et autres gens souffreteux qui l'attendaient sur son passage, dans l'espoir d'en obtenir la guérison. A la vue de leurs souffrances, le saint évêque se mit à genoux et pria saint Jean, dont on célébrait ce jour la fête, de vouloir, par la grâce de Jésus, les délivrer de leurs maux. Sa prière finie, une source jaillit à l'endroit même où il avait posé le genou. Saint Lizier prit alors de cette eau et en lave leurs membres paralysés et souffrants, qui se sentirent aussitôt soulagés. Saint Lizier en se relevant, ajoute la légende, laissa l'empreinte de son genou, et voilà pourquoi on appelle encore aujourd'hui cette fontaine la *houn del joul*.

Depuis cette époque chaque année, le jour de la saint Jean, les malades *dans leur âme et dans leur corps*, viennent chercher un remède dans son eau, mais *ceux-là seuls sont soulagés qui ont l'âme pure et la foi vive*.

La vie de saint Lizier fut une vie de tribulation et de lutte. Son âme, trempée dans le malheur des temps, avait à la fois quelque chose de placide et de ferme, de calme et d'imposant. Nourri et fortifié par la méditation des vérités les plus sublimes ; plus instruit peut-être que ne l'étaient les prélats de son temps, il avait dans toute sa manière d'être, dans les pensées, dans les sentiments quelque chose de supérieur à l'homme... et qui rehaussait l'apostolat.

Sans doute, ce n'était pas un homme ordinaire, celui qui, pendant quarante-quatre ans, avait gouverné son diocèse avec une sagesse et un éclat incomparables ; celui qui avait relevé une ville fortifiée, fondé une basilique et qui en fut le glorieux parrain ; celui dont l'éloquence avait entraîné tant de pécheurs à leur conversion ; celui dont la sainteté avait opéré un si grand nombre de miracles ; celui, enfin, qui par la vertu de ses oraisons et par sa dignité courageuse fit reculer un roi !

Avons-nous maintenant besoin de dire que saint Lizier fut un grand évêque, un grand administrateur ? Oui, il le fut ! et, bien qu'il le fût à des jours d'ignorance et de barbarie, il l'eût été de même, croyons-nous, en des temps plus éclairés et plus civilisés.

Après avoir été ainsi, pendant dix siècles, le jouet de tant de conquérants, la malheureuse cité éprouva encore un grand désastre. Bernard IV, comte de Comminges, continuant l'œuvre des Barbares, la mit à feu et à sang en 1120, à la suite de longs et vifs démêlés qu'il avait eus avec Pierre, évêque de Couserans, son parent, auquel il voulait arracher le paréage de Saint-Lizier. Ayant trouvé le moyen de s'introduire, par ruse, dans la ville, il la pilla, la réduisit en cendres et en fit les habitants prisonniers. Pendant plusieurs jours, dit un auteur, les flammes se promenèrent sur la ville, et des siècles après on a trouvé dans les vieux décombres ou en creusant des fondations des traces visibles de cet embrasement. Saint-Lizier demeura sept ans désert parce que Bernard ne voulut jamais permettre qu'on travaillât à sa reconstruction si on ne lui en donnait la moitié ; il voulait à tout prix y posséder, si non un fief, du moins un cheptel.

Las de ne pouvoir rien obtenir, il attaqua l'évêque lui-même, le prit et le retint captif sous une étroite garde jusqu'à ce qu'il lui eût arraché un traité qui lui abandonnait la ville ; mais bientôt, l'auteur de ces violences, ayant été blessé à mort dans une embuscade, près Saint-Gaudens, fit appeler près de lui Pierre et, en présence des évêques de Toulouse et de Comminges, il lui rendit les deux parties de la ville qu'il avait extorquées et lui légua même vingt chevaux en réparation de ses injustices.

Pendant la croisade contre les Albigeois, Simon de Montfort ne tarda pas à se présenter devant Saint-Lizier (1216) ; il entra dans la ville sans sortir l'épée du fourreau, et après avoir réglé certains différends avec Raymond III, évêque de Couserans, il marcha sur Foix pour en faire le siège, et « faire fondre comme graisse les rochers de Foix et y griller le maître ».

Au XVIe siècle, la capitale du Couserans eut aussi de grands malheurs à supporter : les Calvinistes se répandirent plusieurs fois dans la ville en faisant retentir les rues de leurs cris vengeurs : *tue*, *tue* ! Pendant le séjour qu'ils y firent ils commirent plusieurs meurtres et s'emparèrent des églises et de l'évêché. Le seul des prélats qui put et osa leur résister avec vigueur, fut Hector d'Ossun. (quel Hector que d'Ossun !) Il les chassa énergiquement de sa ville épiscopale et oncques plus n'y reparurent. D'après une statistique bien connue, il y eut dans le diocèse de Couserans, pendant les trente dernières années de guerre civile qui précédèrent la mort d'Henri IV, huit chanoines et prêtres de massacrés, cinq religieux de tués ou noyés, soixante gentilhommes catholiques et cent soixante-dix gentilhommes protestants de morts. Quant aux autres victimes de la guerre, ceux de la ligue perdirent deux mille cinq cents soldats, tandis que ceux de la religion en eurent de tués trois mille six cents. Total pendant les troubles : six mille deux cent quarante personnes.

D'autres combats ont dû se livrer devant la ville de Saint-Lizier. A quelle époque ? Nous l'ignorons. Mais nous trouvons à un pas de Saint-Lizier, dans le territoire de *Sentaraille*, l'emplacement d'un ancien camp qui rappelle le nom de ce valeureux compagnon d'armes de Dunois et de Lahire. Or, on sait que cet intrépide guerrier avait, vers 1430, obéissant aux ordres du roi, saisi la ville de Salies et autres places du comté de Comminges. Dès lors n'est-il pas probable que ce même Saintrailles où Xaintrailles aura fait avancer son armée jusqu'au lieu même qui porte aujourd'hui son nom ?

De tous les édifices religieux que l'incendie de 1120 avait détruit, Saint-Lizier n'a conservé que les murs de son église (1). Quoique moins ancienne que deux ou trois autres, cette église peut s'intituler fièrement : la mère, la tête de toutes les églises du Couserans, et c'est sans doute pour cette raison qu'elle porte dans son blason d'*azur à une cloche d'or*.

C'est ici le lieu de donner la parole à un charmant petit opuscule qui, sous un nom en trois étoiles, nous la fera voir telle qu'elle, sous le vernis de sa rhétorique :

« Ce n'est plus la basilique du temps de saint Lizier. Elle est du XIIIe siècle, sombre et large avec des voûtures dentelées à son portail, le chœur arrondi en voûte et la nef encadrée par les arceaux de l'ogive et par les colonnes qui divisent la voûte en travées. C'est un édifice de transition. On achevait de dresser les piliers lorsque l'ogive, qui venait de la croisade, vint se poser en con-

---

(1) M. A. Vignau prétendait avoir trouvé dans une relation écrite, qu'à l'un des angles de l'église incendiée en 1120 et bâtie par saint Lizier, se rattachait un petit oratoire pouvant à peine contenir deux ou trois personnes, et auquel le saint évêque aboutissait par un couloir partant de chez lui, chaque fois qu'il voulait se préparer à la prédication ou dire sa messe en secret. Ce détail, bien que minime, mérite d'être rapporté.

quérante sur les larges chapitaux romans qui ne devaient porter que le plain cintre. L'ogive devint alors maîtresse de l'église. Elle est pourtant évasée et contenue ; elle se ressent des lourds piliers romans et n'ose pas s'élancer trop haut. Les boiseries du chœur sont charmantes d'invention et de délicatesse. On dit qu'elles ont été sculptées par le ciseau des chanoines eux-mêmes. Dans les murs des chapelles il y a encore des entablements de marbre blanc cannelé, chargés d'ornements et de feuillages d'acanthe, qui rappellent leur origine païenne et la splendeur de la vieille cité. La tour massive et courte (XIV° siècle) s'appuie sur l'église, comme un sentiment de foi sur une grande pensée. »

On remarque, on admire encore, dans l'intérieur de l'église, ses autels gothiques, ses tabernacles d'or... et pour peu que vous ayez le sentiment de l'antique, vous apprécierez ces richesses artistiques, toutes brunies par les siècles...

Le trésor de la basilique contient :

1° Un buste en argent de la fin du XVI° siècle, renfermant les reliques de saint Lizier, entourées d'arabesques et de pierres brillantes.

2° Une mitre épiscopale, fort ancienne, enfermée dans une châsse ; elle est de forme basse, d'une étoffe brochée d'or et de soie, et parsemée de croissants dorés ;

3° Un bâton pastoral, mince et d'un bois

dur, surmonté d'un serpent aux replis d'ivoire. Le bois est séparé de l'ivoire par un anneau d'argent, sur lequel est gravée cette devise : *Cum viatus fueris, misericordiá recordaberis.*

4° Enfin un pallium attaché au buste.

Suivant une tradition fort accréditée dans le pays, ces objets auraient servi à l'évêque Lizier. Mais la *société archéologique de France* (51° congrès), rectifie ainsi ces erreurs populaires :

« La mitre que l'on dit avoir appartenu à saint Lizier, évêque du VIII° siècle, est du XIII° siècle. La crosse avec volute en ivoire est encore de la même époque (1), enfin le buste du saint évêque ne date que de l'an 1520. C'est une splendide pièce d'orfèvrerie, richement ornée d'arabesques et de dessins de la Renaissance ».

Nous sommes donc en face de reliques, appartenant sans doute à la ville de Saint-Lizier, mais qui n'ont rien de commun avec celles de son patron. Toutefois, nous devons observer qu'il pourrait en être de ces reliques, comme de la chappe de saint Bertrand... Or, on sait que la chappe de saint Bertrand, quoique moderne par la forme, n'en a pas moins appartenu au saint évêque,

---

(1) Extérieurement le bâton pastoral était surmonté d'une petite pièce transversale qui lui donnait la forme d'un T ou d'une croix. De là vient le nom de crosse, en Italien croce, Croix.

et il suffirait d'un simple coup d'œil pour reconnaître qu'elle a été plusieurs fois retouchée, tantôt pour l'adapter au goût du jour, tantôt pour la ramener à son premier état. O maison de Romulus !...

Toutefois, nous sommes porté à croire, que si ce reliquaire, qui date du XVIe siècle, n'est pas celui qui renfermait primitivement les restes vénérables du saint évêque, il n'en serait pas moins une imitation vraie, un exemplaire authentique, que le temps ou toute autre cause a pu faire disparaître, et que, sous cette vraisemblance même, il a pu continuer d'être un objet de vénération de la part des fidèles. Cette explication, bien qu'elle ne soit appuyée sur aucune base historique quelconque, nous a paru néanmoins mériter l'attention, avec d'autant plus de raison que les anciens étaient dans l'usage de multiplier de la sorte leurs reliques, ainsi qu'on l'a vu pour les morceaux de la *vraie croix*, et les trois ou quatre imitations du *Saint-Suaire*, qui, toutes, passent pour avoir couvert la tête de Jésus-Christ dans le tombeau ; il y en avait dans les églises de Compiègne, de Besançon, de Cahors, de Turin et autres.

On conserve également un médaillon attaché au buste de saint Lizier, où est peinte la figure du saint évêque, au temps où il arriva pour la première fois à Austrie.

A propos de ces reliques, on dit qu'anciennement on montrait, à Tarbes, un autographe de l'évêque *Licérius* ; mais outre qu'il était tellement détérioré par le temps, qu'à peine on en pouvait distinguer deux ou trois mots, il aurait fallu encore pouvoir prouver que cette épave littéraire était réellement de la main de ce prélat ; or, quel intérêt peut avoir aujourd'hui pour nous un manuscrit qui a disparu depuis des siècles, et dont rien ne pourrait établir l'authenticité ?

« A côté de l'église, continuent les trois étoiles, est le cloître, plein de rêverie et de silence. Des guirlandes de pierres, brochées à jour, s'enlacent à une galerie de colonnettes, avec la grâce et le génie de la sculpture du treizième siècle. »

Ce cloître, classé parmi les monuments historiques, date du XII° siècle, et fut restauré en 1495, par l'évêque Jean de Aula.

Les évêques de Saint-Lizier reposent presque tous sous le marbre des cathédrales ou dans l'intérieur des cloîtres ; quelques-uns sont ensevelis parmi les pauvres... sans nom et sans épitaphe. On sait que les vieilles dalles de l'ancien Champ de Mars, aujourd'hui plus basse-cour que Champ de Mars, ont abrité les cendres de ces grands chrétiens.

Aussi morne qu'un mausolée, la fontaine de la place semble posée là, pour consacrer le souvenir de leur sépulture (1).

---

(1) Un ancien cimetière.

Ecoutons maintenant Louis de Froidour qui visita la ville de Saint-Lizier en 1667. « Il y avait, dit-il, deux églises fort anciennes : l'une dédiée à Notre-Dame, qui est celle de la cité, et qui n'est qu'un misérable trou.. Pardon, Monsieur de Froidour, si vous entriez aujourd'hui dans cette petite église, qui resplendit comme un géranium dans les ruines, vous ne diriez plus que c'est un misérable trou. Vous admireriez ce délicieux sanctuaire, sa forme ovale, son architecture dégagée, gracieuse, élégante, la pureté de ses lignes, l'éclat de ses murs, et à force de contempler ce bijou divinement façonné, et où tout jusqu'aux plus petits objets se trouve en harmonie avec le style de l'édifice, vous plieriez le genou deux fois : une pour Dieu, une autre pour l'art !!...

« L'autre église, celle de la ville, continue M. de Froidour, est dédiée à saint Lizier, l'un des anciens évêques, dont le corps y est tout entier. Il y avait en chacune des deux églises six chanoines et douze prébendiers ; mais l'évêque d'à présent, Bertrand de Marmiesse, a réuni tout le corps du chapitre, pour faire les services en l'église de Notre-Dame » (1).

(1) L'abbé Aryein du Pont a publié, en 1818, une brochure intitulée : Le Couserans ecclésiastique, et il y a joint deux actes desquels il conclut que les chanoines de Saint-Lizier jouissaient des droits de la noblesse.

Comment ne pas se rappeler le cloître de cette cathédrale, avec ses beaux lointains?... Comment ne pas *pleurer* ses colonnades, splendides, reliées entre elles par des arcades romanes, que l'administration de l'Asile a fait tomber un jour comme des capucins de cartes? Où sont-elles en ce moment?... L'écho seul nous répond : *Où sont-elles?* Vraiment le présent est sans pitié pour le passé.

Bernard donna à la ville une physionomie nouvelle ; il élargit son enceinte, alors réduite à la citadelle, rétablit les quartiers ruinés, fit réparer la cathédrale, agrandit l'hospice civil, et construisit en 1655, ce palais épiscopal, qui couronne d'une manière si grandiose la partie supérieure de la ville, tout en produisant un des plus beaux effets de perspective qu'il soit possible de trouver. Comme pour donner une idée des vicissitudes de ce bas monde, le palais épiscopal a été converti en un dépôt de mendicité.

Qu'il nous soit permis ici de rendre hommage aux qualités éminentes de ce grand prélat.

Bernard de Marmiesse avait autant de patriotisme que de religion. En lui se manifestait cette vertu sacerdotale, cette importance civile et politique, qui transportait alors à l'évêque la puissance du suzerain. Ses lumières et surtout son esprit d'organisation se déployèrent avec une ardeur et un zèle qui ne lui firent jamais défaut. Il se multipliait, et il était à la fois évêque, administrateur, architecte, économe, tout. Ses grandes occupations ne l'empêchaient pas de s'assurer par lui-même des moindres détails de l'administration de son diocèse. Il visitait les couvents et les maisons religieuses pour se convaincre que les statuts étaient bien observés...

Un jour qu'il évangélisait les populations dans l'intérieur des montagnes, il voulut les conduire lui-même processionnellement jusqu'au sommet le plus élevé du Mont-Valier, sur lequel le premier évêque du Couserans avait, en prenant possession du diocèse, dressé une croix. Là, dans cette solennelle solitude, n'apercevant plus le signe rédempteur que le saint évêque y avait planté, il dresse lui-même une nouvelle croix (1) à cette même place, la bénit avec toute l'effusion de son âme, en improvisant un de ces discours qui enlèvent les cœurs, tout en les reposant des soucis de la terre et des vicissitudes de la

---

(1) Cette croix, dit le frère Polycarde, est taillée dans un bloc de calcaire blanc, et mesure de la base au sommet, 50 cent. et 55 dans la direction des bras. Elle porte cette inscription sur le champ tourné vers le Couserans :

EPISCOP
DOMIN VALERIS
POSVERE
1672.

Traduction libre : L'évêque R. de Marmiesse a érigé cette croix, en souvenir de celle qui fut plantée par saint Valier, il y a quinze siècles.

vie ; puis il recommanda à la foule de recourir à elle dans toutes les peines et calamités de la vie, et de lui être fidèle à jamais et toujours.

Une visite à l'évêque de Saint-Lizier.

Pour vous reposer au milieu de cette lecture, nous allons encore prier l'aimable monsieur de Froidour, de nous raconter une de ses visites à ce prélat (30 août 1667).

Ecoutez-le, c'est maintenant lui qui parle :

« J'appris, à mon arrivée à Saint-Girons, que l'évêque de Couserans était venu pour me rendre visite; le lendemain matin, qui était le trentième du mois, il y retourna avec grande compagnie de prêtres, avec le sieur de Comère, son neveu, fils d'une sienne sœur, et m'obligea d'aller dîner chez lui. Ce prélat est un très honnête homme, doux, affable et civil en dernier point. Il est bien avec son chapitre et l'a réduit à tel point qu'il a voulu, par la voie de la douceur et par le bon exemple, car sa probité n'est pas la moindre de ses bonnes parties. Il est en paix avec ses diocésains, et notamment avec les habitants de la ville épiscopale, desquels il a obtenu des choses que nul autre avant lui n'avait pu obtenir.

En un mot, je fus satisfait de lui au delà de ce que je puis vous exprimer. Il me régala parfaitement bien et en très bonne et très belle compagnie ; il me donna tous les honneurs de la table et me plaça entre deux de ses nièces, jeunes, et sans contredit, des plus jolis femmes de Toulouse. L'une est Madame de Comère, qui a épousé son neveu; c'est une grande et grosse dindon, blanche comme de la neige et de la meilleure humeur du monde. L'autre est Madame de Saint-Laurens, qui est fille de sa sœur ; c'est une brune qui est d'une taille médiocre, mais bien prise, et qui est très jolie de visage, de corps et d'esprit. J'ai mandé à ma femme, qui a été visitée d'elles, de leur rendre visite, de faire et entretenir connaissance et amitié particulière avec elles. Leurs maris sont fort et honnêtes gens, et nous ferions un bon coup de partie si nous pouvions établir société avec eux. »

Soixante-dix prélats ont occupé le siège épiscopal de Saint-Lizier, depuis saint Valier (III° siècle), jusqu'à Dominique de Lastic (1789).

Voici les noms des plus remarquables ; chacun nous retrace une gloire, un mérite, un exemple :

VALÉRIUS ou SAINT VALIER.

Premier évêque de Couserans (III° siècle), originaire d'Espagne.

Brûlant d'ardeur pour le salut des âmes, ce bon prélat, armé d'une croix de bois visitait les populations pastorales, et les préparait à recevoir la semence de l'évangile. Il soignait les malades, enterrait les morts, protégeait les orphelins. Il les exhortait à prier, à s'aimer et à pardonner. Il leur parlait avec le cœur, et elles comprenaient avec le cœur...

Ce n'était pas un tuyau (pardon du mot), c'était une source, source pleine de douceur, de grâce et de vérité.

THÉODORE,

Est connu pour avoir retrouvé les ossements de saint Valier. Voici comment saint Grégoire raconte la scène :

« Théodore, ayant enlevé les pierres qui
« couvraient la place du sanctuaire, trouva
« deux sépultures près de l'autel ne sachant
« lequel des deux contenait les reliques du
« saint évêque, l'inspiration lui vint de pla-
« cer, sur chacun de ces sépulcres, deux
« urnes remplies d'une égale quantité de
« vin, et de demander à Dieu de faire que
« l'urne qui serait la plus remplie indiquât
« le tombeau de saint Valier. Il sortit alors
« de l'église, dont il scella les portes, et alla
« s'endormir. Le lendemain, vers la troisiè-
« me heure, il ouvre l'église, et s'aperçoit
« que l'une des urnes n'avait plus que quel-
« ques gouttes de vin, et que l'autre avait
« débordé et inondait le monument. Théo-
« dore, ayant soulevé la pierre tumulaire,
« vit le corps du saint entièrement conservé,
« avec ses cheveux et sa barbe, comme s'il

« venait d'être inhumé, et répandant une si
« bonne odeur qu'on ne pouvait douter que
« le corps d'un ami de Dieu ne reposât là. »

LICERIUS ou SAINT LIZIER.

On voit son portrait peint sur cuivre dans un médaillon, au temps où il arriva pour la première fois à Austria : « La figure est longue et pâle, les yeux sont noirs et recouverts de sourcils bruns, les lèvres un peu serrées avec quelque chose de triste et de souffrant dans le sourire. Le regard est ouvert et profond comme devait l'être son âme, et le visage serait empreint d'une ineffable douceur, si une longue barbe brune, taillée en pointe, ne lui donnait un air plus sévère et plus ferme. »

FRANCOLIN,

Auquel Charlemagne donna le titre de comte, vers l'an 800, en récompense de sa résistance aux Sarrasins.

WAINARD (Visigoth et romain).

Prélat célèbre, rempli de toutes les qualités du cœur et de l'esprit, et dont l'influence était telle, dans les contrées voisines, que le pape Jean VIII crut devoir lui adresser, sur l'état des églises du ressort de la métropole d'Auch, une lettre qui témoigne toute la confiance que le Saint-Père avait dans le zèle et le savoir de l'évêque du Couserans.

PIERRE,

Qui joua un rôle important pendant les premières guerres albigeoises et pendant la vie duquel fut construite la tour carrée qui est au bas de la ville, laquelle servait à défendre le *pont* et à protéger le moulin auquel elle est contiguë. Ces trois édifices, la tour, le pont et le moulin, furent les premiers construits après l'incendie de 1120.

AUGER II,

Issu, d'après les uns, de la noble maison de Montfaucon, d'après d'autres, venu du couvent de Montefalcone, en Italie, fut contemporain de saint Louis de Sicile, le premier évêque de Pamiers. Sous son administration, l'église principale fut embellie de peintures, et on orna le chœur d'un beau lambris (1280). Il mourut en 1303, et fut enseveli dans l'épaisseur du mur de l'église.

Au mois de mai 1877, la restauration du cloître amena la découverte du tombeau de cet évêque, et qui, bien qu'étant là, depuis six siècles, ne présentait aucune trace de décomposition. (Les ouvriers furent bien trompés, ils croyaient que c'était un trésor.)

Le tombeau paraissait avoir été ouvert et profané pendant la Révolution.

BERNARD III.

Sous l'épiscopat duquel Armand d'Espagne, vicomte du Couserans, et sa femme

Philippe, sœur du comte de Foix, fondèrent le couvent des *Frères Prêcheurs* de Saint-Girons.

PIERRE DE NARBONNE.

Issu de la noble et puissante maison de ce nom, qui s'était donné pour devise ces fières paroles : *Nous ne descendons pas des rois, mais les rois descendent de nous.*

GUICHARD D'AUBUSSON.

Qui de la présidence du parlement de Paris passa à l'évêché de Couserans.

JEAN III DE AULA.

Savant dans les sciences et les lettres, et dont la main couronna, à Pampelune, Jean de Libert et Catherine, roi et reine de Navarre.

Il avait une grande puissance de volonté pour l'étude, si bien qu'il étudia le grec, l'hébreu, le syriaque, dans le seul but de rechercher l'étymologie de certains mots, de certains noms qui lui donnaient, à tort ou à raison, l'explication d'un grand nombre de faits.

CHARLES DE GRAMONT.

La maison de Gramont, qu'il ne faut pas confondre avec celle de Grammont, non moins ancienne, a donné deux évêques au Couserans : Charles de Gramont, qui devint archevêque de Bordeaux, et Gabriel de Gramont.

GABRIEL DE GRAMONT.

Frère du précédent, mort en 1534, après avoir été chargé par François Ier de diverses missions délicates, d'une, entre autres, auprès du roi d'Angleterre Henri VIII, dont il devait hautement approuver le projet de divorce avec Catherine d'Aragon, dans l'espoir de lui faire ensuite épouser la duchesse d'Alençon, fut récompensé d'abord par l'ambassade de Rome, et ensuite par l'évêché de Poitiers, d'où il ne tarda pas à être promu à celui de Toulouse.

On voit son portrait dans l'église de Saint-Lizier. Sa physionomie est noble et fière, le regard expressif et fin, la tête bien plantée au milieu des épaules, que rehausse encore la pourpre cardinalice.

C'était un évêque de cour et un diplomate de grande volée.

HECTOR D'AUSSUN.

Cet évêque fonda, en 1570, l'ancien hôpital, aujourd'hui délabré. Il assigna à cet hôpital un revenu de 4,040 livres, avec les dîmes des paroisses de Lara et de Lédar et le revenu du moulin près du pont. Le même évêque voulut que l'excédent desdites rentes fût employé, tous les ans, à doter une fille pauvre, au choix des administrateurs de l'hôpital.

FRANÇOIS BONARD.

Célèbre prédicateur, d'origine piémontaise, et compositeur de plusieurs noëls en patois du Couserans. On était frappé de l'éclat et du volume de sa voix. Il réunissait toutes les qualités qu'il faut avoir pour parler aux masses.

JÉROME DE LINGUA,

Dont sa famille existe encore à Saint-Lizier.

OCTAVIEN DE BELLEGARDE.

Descendant d'une des plus anciennes familles de la Savoie. Fondateur du couvent des capucins de Saint-Girons, et archevêque de Sens en dernier lieu.

BRUNO RUADE

On voit le portrait de cet évêque dans la sacristie de l'église, peint par lui-même, sur un grand panneau de chêne, en robe de chartreux. Observez un instant cette physionomie *intransigeante*. On y sent une nature forte, enchaînée et contenue sous le froc. Son visage est ovale, son front fuyant, et le bonnet noir qui recouvre sa tête ne laisse apercevoir que quelques rares cheveux blancs coupés aux tempes. Son regard, fixé sur un crucifix, semble du même coup, vous pourfendre de la tête aux pieds ; il est terrorisant de toute sa personne.

Antipathique à ses chanoines, il s'était retiré dans sa terre de Tourtouse, comme dans son fromage de Hollande. On y voit encore les restes de son palais épiscopal, construit sur ancien fort. La prière, le jeûne, la méditation, le silence de la solitude exaltèrent son imagination. On raconte, et nous avons lu ceci dans un ouvrage digne de foi, que ses chanoines voulant l'obliger à la résidence le garrotèrent, un jour, et le retinrent prisonnier au fond d'un puits.

Au reste, ce chartreux n'avait accepté l'évêché de Saint-Lizier qu'à la sollicitation de Louis XIII.

PIERRE DE MARCA

Président au Parlement de Navarre avant d'être évêque, devint archevêque de Toulouse, et mourut au moment où Louis XIV venait de l'appeler à l'archevêché de Paris. Les vers faits à cette occasion sont partout :

> « Ci-gît Monseigneur de Marca,
> Que le roi de France marqua
> Pour le prélat de son église ;
> Mais la mort qui le remarqua,
> Et qui se plait à la surprise,
> Tout aussitôt le démarqua. »
>
> (COLLETET).

BERNARD DE MARMIESSE

Avocat du roi au Parlement de Toulouse, président à mortier, docteur en Sorbonne, agent général du clergé de France, sous Innocent III et sous Louis XIV.

« Il faut que je vous raconte, dit M. de Froidour, un fait qui s'est passé pendant l'administration de ce prélat.

« Le Roi, ayant disposé d'une chanoinie de Saint-Lizier en faveur d'un neveu de M. de Marca, un des gentilshommes du pays y prétendit quelques droits ; sur les différents qu'il y eut entre les deux partis, l'affaire fut portée au Parlement de Toulouse et au Conseil d'Etat, et jugée en faveur de celui qui avait la nomination du Roi ; mais il lui a été absolument impossible de pouvoir se mettre en possession de son bénéfice. Le Parlement ayant à deux différentes fois député des commissaires de la Cour pour se transporter sur les lieux à cet effet, un frère de celui qui avait été débouté eut l'insolence à chaque fois d'aller arracher des mains du commissaire la commission qu'il avait, et crut lui faire grande grâce de ne le point assassiner ; par ce moyen il a maintenu son frère dans le bénéfice, le véritable titulaire ayant, après la mort de son oncle, abandonné la poursuite de cette affaire. »

Bernard légua ses biens aux pauvres, et se fit enterrer au milieu d'eux, dans le cimetière de l'hôpital.

JACQUES DE VERTHAMONT

Savant oratorien, particulièrement versé dans les connaissances théologiques.

JEAN-FRANÇOIS DE PRÉMEAUX

Agent général du clergé de France

JOSEPH DE VERCEIL

D'une race célèbre dans les armes et dans la robe, fit bâtir, sur les restes de l'ancienne maison canoniale du Couserans, un nouvel hôpital, et établit, à Saint-Girons, la maison d'éducation des Sœurs de Nevers.

DOMINIQUE DE LASTIC

Dernier évêque de Saint-Lizier, député du clergé aux Etats généraux de 1789, mort en Allemagne, pendant l'émigration.

Ce siège était un des plus anciens de la catholicité, et avant d'être suffragant de l'archevêché d'Auch, il ressortissait à celui de Narbonne (313), sous le règne de Constantin. On le tenait partout en haute considération, et quand, dans les premiers temps, l'évêque en prenait possession, le vicomte même de Couserans, était tenu de venir le recevoir à l'entrée de la ville. Puis quel temps qu'il fît, un sacristain lui ôtait les sandales (pensée profondément philosophique, ayant pour but de rappeler à l'homme la vanité des grandeurs), et le nouveau prélat s'acheminait pieds déchaux, en rochet et en camail, tout droit à l'autel de la cathédrale, où l'on chantait un *Te Deum*. De là, il se rendait à l'évêché, où se dressait l'acte d'installation, puis, il prenait son repas, et c'était le vicomte lui-même qui mettait les plats sur la table.

Le vicomte prêtait ensuite hommage et serment de fidélité à l'évêque.

L'évêque était le véritable gouverneur du diocèse ; il en avait l'administration civile en même temps que l'administration ecclésiastique.

L'évêché valait 30,000 livres de l'époque, ce qui ferait trois fois plus aujourd'hui. On l'appelait proverbialement l'évêché d'or, à cause des revenus considérables dont il jouissait.

Le diocèse renfermait 63 paroisses environ, dont 7 du pays de Foix, et plusieurs communautés religieuses.

Comme juste récompense des soins spirituels donnés par le clergé, celui-ci percevait la dîme ou le dixième des fruits de la terre, la perception de cet impôt, quelque vexatoire qu'il fut, avait l'avantage sur le mode actuel qu'il était toujours en proportion du rendement de la terre.

Le curé qui percevait la dîme devait non seulement célébrer les offices et administrer les sacrements, mais il devait prendre à sa charge les réparations d'entretien de l'église, pourvoir aux objets du culte.

Le concordat de l'an VIII supprima l'évêché de Couserans, qui avait duré quatorze cents ans.

Avant le XII° siècle, date de la fondation de Saint-Girons, qui jusque là n'était encore connu que sous le nom de Bourg-sous-Ville

(1) l'église de Saint-Valier, relevait de la ville de Saint-Lizier, et se trouvait placée dans son enclos. A ce titre, nous devons la comprendre ici (2).

Cette église, qui a remplacé une église carlovingienne, laquelle avait elle-même remplacé une chapelle dédiée à saint Valier, en commémoration de cet apôtre, est un vaste corps d'édifice remarquable pas ses absides de l'époque romane, son long fenêtrage mîtré et son clocher bysantin. Son portail soutenu par des colonnettes que le temps a polies, a conservé toute la pureté de l'art roman. Sa structure artistique forme avec ses moulures achérées, un curieux spécimen d'architecture religieuse du XIIe siècle. On remarque dans la clef de voûte du portail. un signe que l'on prétend être le sceau des anciens rois de Pampelune, sceau que les comtes et les rois de Gascogne s'étaient appropriés.

---

(1) Saint-Girons n'était, avant cela, qu'un faubourg de la ville de Saint-Lizier, connu sous le nom de Bourg-sous-Ville, comme nous l'avons expliqué ailleurs. Il ne comprenait alors que le vieux quartier qui va de l'église à la place du centre, et où se tenait le marché de tout le pays. Quant à son nom moderne, Saint-Girons le doit au souvenir d'un saint missionnaire, d'origine vandale, appelé *Géronius*, et dont les ossements reposent au lieu même où s'élève aujourd'hui l'église qui porte son nom.

(2) Les autres édifices religieux, qui se trouvent dans l'enceinte de Saint-Girons, sont tous postérieurs à la fondation de la ville, et n'ont par conséquent aucun rapport avec Saint-Lizier.

D'autres disent qu'il ne faut y voir que le monogramme du nom du Christ en grec.

Franchissons ensemble le seuil de ce portail, et nous admirerons, en passant, quelques belles statuettes de saints prosternés dans la prière, qui vous feront comprendre, une fois en votre vie, ce que c'est que la béatitude. Arrêtons-nous un moment, devant l'hôtel de la Vierge, Mère de Jésus.

« Mère avec l'innocence et Vierge avec l'amour », qui, son enfant sur le bras, semble nous dire : *Voilà mon Fils ! c'est le salut du Monde.*

Maintenant, pour peu que votre astre, en naissant, vous ait fait antiquaire, venez encore voir son fils, relegué dans la sacristie, et contemplez ce front saignant, mordu par les épines, et qui vous fera verser une chaude larme qui s'exhalera en prière...

Passons dans le sanctuaire (décoré ainsi que les absides dans le goût de la renaissance) et approchons-nous du maître-autel, derrière lequel est placé le sarcophage de saint Valier, qui de Saint-Lizier est passé ici, pour servir de fondement à l'église qui perpétue son nom.

Avant de quitter l'église, pénétrons dans la chapelle des fonts baptismaux, où se montre une vasque, devant laquelle des flots de générations ont poussé d'autres flots de générations et nous aurons fait, le reliquaire à part, *inventaire* des antiquités de l'église du premier évêque du Couserans.

A la primitive église, était adossée une abbaye, dans laquelle il y avait une école où se donnait une éducation *gratuite, volontaire et religieuse*; c'était, ce qu'on appelait à cette époque, le *conclave* des enfants, des jeunes lévites spécialement destinés à former les *prestres parochiaus* du Couserans, *rectores* et *curatores*. De cette abbaye, il ne reste plus que les débris d'une porte, gisants aujourd'hui parmi les décombres d'un jardin voisin, et servant à d'indignes usages.

On a dû souvent remarquer que Saint-Girons s'est toujours accru au dépens de la ville de Saint-Lizier, et que la décadence de celle-ci était le résultat du développement de celle-là. La raison, la voici : c'est que l'une, absorbée par les idées religieuses et sacerdotales, vivait d'une vie à elle propre, et peu expansive, tandis que l'autre, dominée par un esprit tout opposé, était plus dévouée, plus sympathique aux intérêts généraux, et marchait avec le siècle. C'est qu'en un mot, la ville de Saint-Lizier vivait en elle-même, et ne pouvait sortir d'elle-même, au lieu que Saint-Girons, plus attentif à la voix du progrès, était l'expression vraie de tout un pays.

Résumons maintenant, à grands traits, l'histoire de Saint-Lizier : aucune petite ville n'a éprouvé de plus nombreux désastres, de plus sanglants pillages; une foule de peuples barbares ravagèrent tour à tour la malheureuse cité, et allèrent jusqu'à s'établir à ses portes.

Sous la domination romaine, elle était par sa situation même une des principales des Gaules; elle eût pour magistrats des duumvirs, et pour sa défense, d'héroïques légions... Son enceinte romaine, une des plus considérables de France, ses inscriptions antiques, ses temples et ses autels tout, jusqu'au moindre de ses débris, atteste dans le passé sa puissance et sa grandeur, et lorsque la ville romaine disparaît devant la ville chrétienne, Saint-Lizier subit encore les haines de ses implacables saccageurs. Pour la seconde ou troisième fois, il fut incendié.., et toujours relevé par ses évêques. Mais hélas! « ni les villes ni les états ne sont éternels. » Vérité vieille comme le monde, et qui n'en a pas moins sa place ici...

Aux deux extrémités, nous trouvons toujours un berceau d'un côté, et de l'autre, une tombe!

« *Alba ruit, ruit alba potens, ruit œmula Romæ.* » (1).

L'évêché de Saint-Lizier, nous l'avons dit plus loin, est un des plus anciens de la catholicité. Il fut toujours occupé par des pasteurs d'un beau talent et d'une haute vertu ; il compta des savants, des orateurs, des diplomates et des administrateurs de premier ordre; son antiquité, son illustration, les prérogatives dont il jouissait, tout en faisait un

---

(1) L'abbé Moulis, ancien professeur d'humanités.

des premiers sièges de la *Novempopulanie*. On le tenait partout en grande considération, et nous n'étonnerons personne en disant qu'en 1200, il fut proposé comme un témoignage de haute estime, à saint Dominique de Guzman, qui eut le regret de ne pouvoir l'accepter...

Après le casque, après la mitre, arrive le bonnet des faubourgs... et la tempête révolutionnaire, plus pressée que la faux du temps, emporte Dominique de Lastic, qui clôture la liste de ses soixante-dix prélats.

O Saint-Lizier, ô reine déchue du Couserans, tu subis chaque jour dans toute sa rigueur *l'implacable loi*, comme toute chose ici-bas, mais que tu es encore belle avec ta couronne aux trois quarts brisée, avec ton front démantelé, avec ta tunique fauve percée à jour ! Ah, si nous pouvions, ô fille de Rome et de l'Eglise, te rasseoir dans ta splendeur première, assister à toutes les phases que tu as parcourues, et saluer encore une fois tes puissants duumvirs et tes glorieux prélats... Mais où sont aujourd'hui ces grands morts ?... Ne s'effraieraient-ils pas, s'il leur fallait revenir à la vie !... Et de quoi s'entretiendraient-ils, en ces funestes temps, s'ils renaissaient de leurs cendres dispersées ? Ville peuplée de tant de souvenirs, que ne peux-tu parler pour nous raconter tes longues vicissitudes, tes prospérités aussi bien que tes revers ? Peut-être alors, nous serait-il possible d'écrire avec quelque autorité ton histoire, qui se déroule, presque toute, entre ces deux limites : Pompée et Napoléon !

Mais il faut te dire adieu, Saint-Lizier….. Que d'impressions diverses tu as fait naître dans notre âme !… Qu'il nous soit permis, en finissant, de les résumer toutes d'un seul mot, qui vaudra infiniment mieux que tous les discours :

> « Si le ciel eut jamais, sur le seuil de la vie,
> Hôte encore attendu dans ce monde nouveau,
> De pouvoir, à mon gré, choisir une patrie,
> Terre aux nobles aïeux, cité sainte et chérie,
> Je t'aurais dit : Sois mon berceau ! »

Abbaye de Combelongue

Le douzième siècle fut le siècle par excellence des fondations religieuses. Les solitaires paraissent dans les forêts et les terres vagues, et aussitôt les abbayes naissent autour de leurs chapelles. Elles se peuplent de religieux qui vont, dans les vallées les moins fertiles, labourer le sol et développer l'agriculture et l'industrie, le tout au grand profit de l'humanité souffrante

Ce n'était pas seulement au malheur et aux hommes, hors d'état de servir la société, que les portes du cloître étaient ouvertes, c'était aussi aux riches et aux célébrités du monde.

C'est là que de puissants monarques, comme Charles-Quint, un chapelet de têtes de morts à la main, et portant les livrées de la pénitence, venait apprendre à mourir... à mourir pour vivre !

C'est là que de sublimes penseurs, qui voyaient par delà l'horizon, comme Pascal, allaient demander un oreiller pour reposer leur tête brûlante...

C'est là que des hommes blessés de la vie, comme Le Tasse, venaient s'épurer l'âme comme dans un creuset, et s'abriter contre les bruits du monde.

C'est là, que dégoûtés de la vie ou fatigués d'amères jouissances, d'illustres personnages qui sont restés inconnus, se retiraient après avoir abandonné leurs richesses aux pauvres, ou à leurs héritiers, en leur disant : *Vivez, puisque c'est tout ce qu'il vous faut.*

Morts au monde, ces hommes de cœur et de volonté ne pensaient plus qu'au ciel !

L'abbaye de Combelongue (1), la seule abbaye du Couserans, appartenait aux Prémontrés (2) et fut fondée par un prince espagnol, au commencement du XII° siècle. Elle était immensément riche, et se composait de six à sept cents religieux. Elle disparut dans la

---

(1) Située à Riment, canton de Saint-Girons.

(2) Religieux de l'ordre de Saint-Augustin, dont la principale abbaye était située à Prémontré, près de Laon. Les Prémontrés étaient vêtus de drap blanc, portaient un scapulaire et ne possédaient pas de linge. Ils jeûnaient en tout temps, ne faisant qu'un repas par jour encore très frugal. Le fondateur de l'ordre des Prémontrés fut, en 1170, saint Norbert, ancien chapelain de l'empereur Henri V.

tempête de 93. Cette abbaye ne se contentait pas de faire fleurir l'agriculture, les beaux arts et les sciences dans ses propres foyers; elle envoyait constamment d'autres colonies, sous la conduite d'un prieur, établir ailleurs des fermes et des ateliers (1). Il n'en reste plus aujourd'hui que quelques murs qui servent d'encadrement à une nouvelle chapelle dédiée à l'*Immaculée Conception*.

Vous vivrez dans la mémoire des hommes, moines civilisateurs ! Cette contrée était sauvage, et vous la rendîtes féconde. Cette population vivait dans l'ignorance, et vous l'avez instruite et éclairée. Hommes de travail et de charité, vous nourrissiez tout un pays du pain que vous vous refusiez à vous-mêmes. Hommes d'études, vous faisiez revivre, pour les léguer aux générations, les œuvres des plus beaux génies de l'antiquité.....

« Un long respect consacre encore ses ruines. »

(1) On en trouve encore des traces à Castillon et à Betchat.

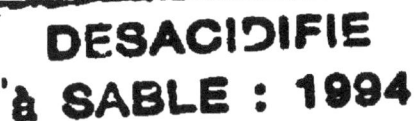

Foix, imp. V° Pomiès. 661.

www.ingramcontent.com/pod-product-compliance
Lightning Source LLC
LaVergne TN
LVHW020944090426
835512LV00009B/1701